普天之下．盡是好書
普天出版家族
Popular Press Family
凌雲文創
A-Plus Creative Company

作家霍桑曾說：

困難與折磨對於任何人來說，都是非常寶貴的磨練鬥志和毅力的機會；只有承受得起別人無法承受的折磨，才能夠讓自己成為真正

每個挫折磨難都是鍛鍊精神意志，增加本身能力的絕佳機會，正因為如此，當我們成功地超越人生困境，首先要感謝的，
往往不是那些安慰呵護我們的人，而是那些平日折磨我們，讓我們避之唯恐不及的人。

感謝那些折磨我們的人吧！
每個折磨我們的人，都是生命中的貴人！如果沒有這些人的折磨，我們就不可能激發突破人生瓶頸的潛力；
沒有這些人的折磨，我們也不可能突破人生的各種逆境，將生命提升到另一個境界。

凌越 編著

感謝折磨你的人。

Grateful to your enemy

戰勝逆境篇

•出版序•

感謝那些折磨你的人事物

感謝那些折磨我們的人事物吧！如果沒有這些折磨，我們就不可能激發突破人生瓶頸的潛力，也不可能超越人生的各種困境。

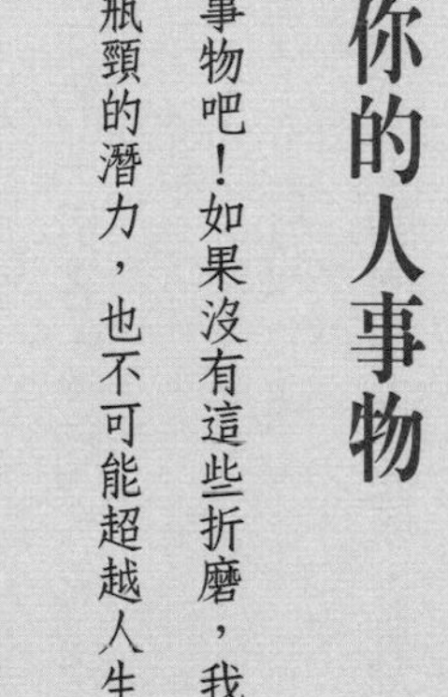

作家霍桑曾經如此寫道：「困難與折磨對於任何人來說，都是非常寶貴的磨練鬥志和毅力的機會；只有承受得起別人無法承受的折磨，才能夠讓自己成為真正的贏家。」

每個挫折磨難都是鍛鍊精神意志，增加本身能力的絕佳機會，正因爲如此，當我們成功地超越人生困境，首先要感謝的，往往不是那些安慰呵護我們的人，而是那些平日折磨我們，讓我們避之唯恐不及的人。因爲，如果沒有這些折磨我

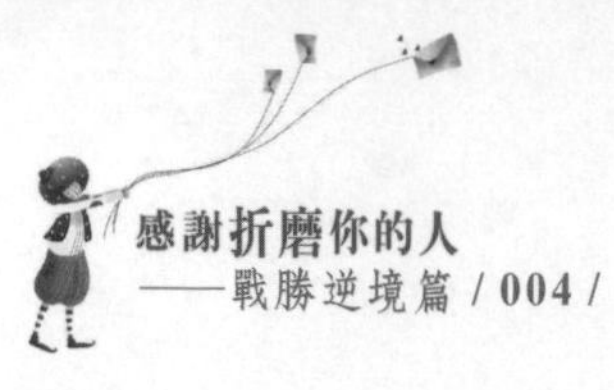

們心智的人，我們就無緣擁有超越困境必須具備的能力。

你覺得目前的境遇不如意嗎？你曾經絕望得想過要放棄嗎？

不要灰心得太早，世界上和你有著同樣遭遇的人還有很多；他們之中有不少人最後跳出自怨自艾的框框，轉而開創出自己的一片天空。

只要你肯積極改變自己，下一個成功的人就是你！

奧城良治是個剛出校門的年輕人，業務生涯剛起步，立刻面臨無止境的拒絕和挫折，人生幾乎從雲端跌入地獄。

他沒有太多社會經驗，還不懂得調適自己的心情，每天四處奔波勞碌，不但毫無收穫，還要周旋在各式各樣的「奧客」之間，忍受冷嘲熱諷和挑剔，這樣的地獄人生有什麼意思？

奧城良治意志消沉，只差沒走上自殺一途。

有一天，他感到尿急，便在鄉下的田埂邊撒尿，見到田邊有一隻青蛙，正好

奇地對著他看。

「好啊！我已經這麼慘了，你還用這種眼神看我，我就讓你比我更慘，以消我心頭怨氣！」奧城良治對著無辜的青蛙喃喃自語地說著，隨後瞄準青蛙的頭，調皮地把尿往牠頭上撒。

原本以為青蛙會落荒而逃，想不到牠不但沒有走，甚至連眼睛也不眨一下；青蛙的神情怡然自得，像在享受一次舒服的溫水淋浴。

突然之間，奧城良治腦中靈光乍現：「如果青蛙都可以把這樣的羞辱當作一次暢快的淋浴，樂在其中，那我為什麼不能把客戶的拒絕當成一種享受呢？推銷員可以像青蛙一樣，無論遭遇多少次拒絕，面對再怎麼惡劣的態度，只要逆來順受、視若無睹，就不會覺得有任何的不快了。」

奧城良治在青蛙的啓示下，領悟推銷的極致道理，發明一套「青蛙法則」。從此以後，他謹記著這個法則，在進入汽車公司後第十八天，他總共拜訪一千八百多位客戶，也終於簽下了第一份訂單。

此後，奧城良治平均每個月賣出八部車。經過一年的磨練，他的業績提升到

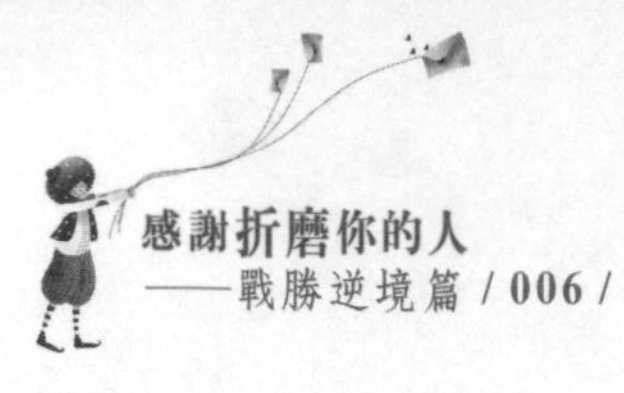

十五部車；又過了五年之後，他的成績更呈倍數成長，每個月平均賣出三十部車。這樣的好成績連續維持了十六年，奧城良治成了全日本汽車界的銷售之王，他把成功完全歸功於自己發明的「青蛙法則」。

所有加諸在我們身上的痛苦磨練，其實都在培養我們面對逆境時所需要的抗壓力。遇到痛苦和折磨，如果選擇轉身逃避，那麼這些痛苦折磨就會成爲你向下沉淪的拖陷力量，但是，只要願意面對，那麼這些痛苦和折磨就會成爲超越人生困境的主要動力。

感謝那些折磨我們的人事物吧！如果沒有這些折磨，我們就不可能激發突破人生瓶頸的潛力，如果沒有這些折磨，我們也不可能超越人生的各種困境，將生命提升到另一個境界。

爲了成爲超級推銷員，奧城良治不但要熱臉貼冷屁股，還要逆來順受、吃苦當吃補，把別人的尿液當成溫水SPA，卑微得像隻青蛙；換做是你，你願意嗎？

相信大部分人都不會甘心如此，情願學陶淵明「不為五斗米折腰」的清高，甚至鄙視青蛙「挖糞飲尿甘之如飴」的行徑。我們都自視為高尚的人，怎麼可以「好的不學，學壞的」呢？

問題是，我們所謂的高尚，往往只是虛榮；「不願為五斗米折腰」，不過是好吃懶做的藉口。如果不趕緊改變自己的想法，際遇恐怕會比故事中的青蛙還悲慘。

我們經常想到的都只是「我希望……」、「我想要……」、「我喜歡……」，但是那些沒有人願意做的事該由誰來做呢？

因此，那些肯為人所不為的人，往往有著比別人更開闊的胸襟、更靈活的想法和更實際的做法，當然比別人更容易成功了！

本書《感謝折磨你的人全集：戰勝逆境篇》是作者舊作《感謝折磨你的人：面對逆境篇》的全新增修版，謹此說明。

PART—1 用微笑面對別人的嘲笑

面對別人的嘲笑，輕鬆地自我解嘲比惱羞成怒更能展現我們的包容力和成熟度。

PART—2

積極等待人生的轉捩點

最壞的時候也會是最好的時刻，當人人退縮不前時，只要我們能積極前進，自然能搶得先機。

PART—3

成功的跳板就在我們身邊

只要我們的企圖心強，只要我們的膽識過人，只要我們的智慧充實，那麼，許多人事物都會是我們的成功跳板。

PART—4

消極訊息會讓人失去活力

面對消極負面的訊息時，如果我們能用積極正面的態度去解讀，那麼再多的否定話語，也無法消滅我們的生命活力。

PART—5

巧妙出擊 就能輕鬆解決難題

不必擔心問題叢生，只要微笑面對，我們就能發現解決的方法，輕鬆自信地渡過一個又一個難關！

PART—6

勇氣是成就未來的最佳利器

沒有試過，我們永遠也不知道，前面看似搖搖欲墜的吊橋，原來沒有想像中那麼危險，更是我們踏入成功的最佳捷徑。

PART—7

膽大心細才不會錯失良機

「膽大心細」是成功必備的元素，有膽無謀的人往往一再犯錯，心細無膽的人則容易深陷遲疑，經常在後悔中錯失良機。

PART—8

樂觀與悲觀只在轉念之間

悲觀的人總是在開心時忘了如何微笑，而樂觀的人卻總能在不開心時重現笑容。

PART—9

成功只有途徑，沒有捷徑

「肯付出，不怕辛苦！」這幾乎是所有成功者踏出第一步後的重要寫照，因為他們堅持相信：「有付出就一定會有收穫！」

PART—10

連死神也怕咬緊牙關的人

能夠咬緊牙關走過艱難的人，在他們身上都有一股十分驚人的支持力量，那是擊敗厄運之神的重要武器。

PART 1

用微笑面對別人的嘲笑

面對別人的嘲笑，
輕鬆地自我解嘲比惱羞成怒
更能展現我們的包容力和成熟度。

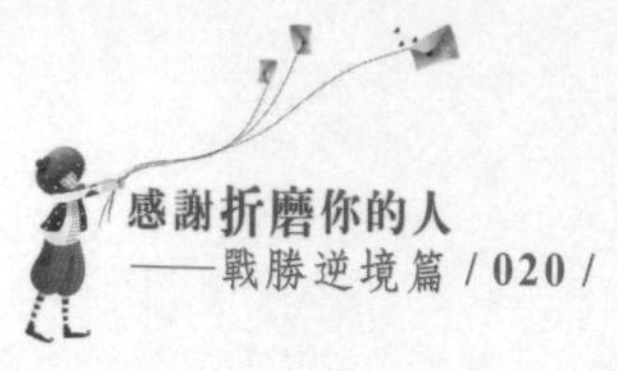

用微笑面對別人的嘲笑

面對別人的嘲笑，輕鬆地自我解嘲比惱羞成怒更能展現我們的包容力和成熟度。

有位作家曾經寫道：「一個人在情緒起伏的時候，再擁有如何清晰的思緒，也會變得混亂不堪。」

千萬別讓情緒影響思緒，遇到惱人的人，不妨把他當成激勵自己更上層樓的貴人；遇到讓自己不悅的事，不妨把它當成砥礪自己的磨刀石。

聽見嘲笑聲，我們大方地微笑以對吧！

能夠看淡人們情緒性的嘲笑與辱罵，不僅更能表現出我們的肚量，也更能在

別人脫序的情緒中，爲自己空出冷靜的思考空間，並領先他們一步。

美國總統福特在大學時期曾是橄欖球隊的一員，愛好運動的他，六十二歲入主白宮時，身材看起來仍然十分挺拔且活力四射。

一九七五年，福特到奧地利訪問時發生了一個小意外，那天他從飛機的旋梯走下來時，不小心被絆倒了。只見他雙腳一滑，忽然跌倒在跑道上，所幸身體硬朗的他很快地便跳了起來，表示自己沒事。

沒想到，記者們竟將這件事當笑話新聞來處理，甚至還有人開始傳說，福特總統不僅行動不靈敏，而且笨手笨腳的。

從這次意外開始，每次福特總統一有意外發生，便會被人們誇大渲染，到了後來，甚至什麼事都沒發生，也要被記者們嘲笑一番，例如哥倫比亞廣播公司便曾這麼報導：「我們一直等待著總統再次撞傷或扭傷，這類新聞才能吸引更多的讀者！」

更有電視節目的主持人故意模仿總統的滑跤動作，不過這一次卻引來總統府新聞秘書聶森的抗議。

他憤怒地對記者說：「福特總統是位十分健康且優雅的人，他可是歷年來身體最好一位總統啊！」

後來福特聽說這件事，便笑著對記者們說：「我是個喜歡活動的人，當然比任何人都容易跌跤囉！」

有一天，他在記者協會上與著名主持人蔡斯同台，節目開始時，蔡斯先出場，只見他模仿著福特總統出現的神情，忽然，他像被東西絆住了，咚的一聲跌坐在地板上，接著又整個人滑向了另一方。

台下觀眾一看，都知道蔡斯故意在模仿總統，由於非常逼眞，全忍不住捧腹大笑了起來，連福特總統本人也被逗笑了。

輪到福特總統出場時，沒想到意外又發生了，因爲他的衣角被桌子勾住了，接著他雙手高舉，桌上的杯盤與稿紙等全都掉到了地上。觀眾一看，以爲福特總統也是故意搞笑的，於是現場又是一陣哄堂大笑。福特總統則瀟灑地擺了擺手，微笑地對蔡斯說：「蔡斯先生，您果然是位專業的演員！」

面對別人惡意的嘲笑，輕鬆地自我解嘲，遠比惱羞成怒更能展現我們的包容力和成熟度。

不要認定這是別人惡意的折磨，從正面的角度思考，這正是考驗自己的應變能力，讓自己成大器的好機會。

無論是因爲自己的不足，或是因爲出錯而引來人們的嘲笑，聰明的人都會用幽默回應，因爲，不管對方是有意還是無意的笑鬧，最後也只是想看著我們「惱羞成怒」，然後在情緒的激化下，會不會做出另一個更令人忍不住想捧腹大笑的幼稚行爲。

這是人際交往中最常發生的事，當然也曾經在我們身上發生，仔細地回憶一下，當相同的事情發生在我們身上時，是憤怒比較能掙回面子，還是微笑的姿態更能擄獲人心呢？

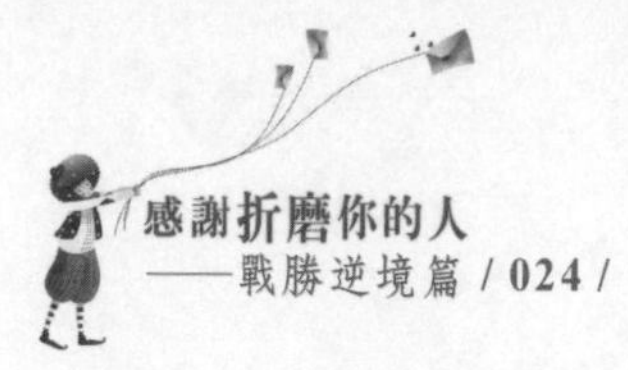

情緒與衝動是失敗的重要幫手

個性較為衝動的人容易用情緒來處理事情，且在缺乏冷靜或理性的思考情況下，失敗的機率也往往超乎想像。

證嚴法師曾說：「凡事能以沈著的心來思考，就不會累積瞋怒的情緒，也就不會因一時衝動而鑄成大錯，後悔莫及。」

不妨仔細回想一下，每當我們衝動地表現出情緒化的言行之後，在我們心中出現的，是舒坦還是懊悔？

一個不能主宰自己情緒的人，必然會受到情緒左右，容易在衝動之下做出讓自己懊悔的行爲，面臨困境之時也無法突破生命的瓶頸。

巴頓將軍是第二次大戰期間最著名的美軍將領，雖然他以作戰大膽出奇為人稱道，但性格上的衝動，卻差點釀成大禍，影響自己的軍事生涯。

在西西里戰役中，有一天，巴頓來到一所野戰醫院探望受傷的士兵，當他環顧著醫院滿滿的士兵，忽然瞥見有個士兵正坐在包紮所旁的一個置物箱上。於是，巴頓親切地上前問他：「孩子，你生病了嗎？」

士兵一副苦瓜臉地說：「沒有，我只是受不了。」

巴頓不是很明白地問：「為什麼受不了？」

士兵有些激動地說：「我受不了再當砲灰了。」

士兵一邊說一邊流淚，但是眼淚卻沒有引來巴頓的同情與安慰。他聽到士兵竟然當場埋怨了起來，十分憤怒地斥責著：「你還以為自己是在當小差啊？」

巴頓將軍一說完話，竟給了這個士兵一記耳光，接著又說：「你現在立即給我歸隊，好好地做個堂堂正正的男子漢！」

很快地，巴頓毆打士兵的消息便傳開了，由於他這個舉動觸犯了相關的軍規法律，身為將軍的他知法犯法，對軍心士氣影響甚巨，而且這恐怕會令將軍與士兵之間的溝通出現危機。

當時，美國國會議員與多位政府官員都提出建言，要求中央將巴頓召回國，並交由軍事法庭審理。

面對一時衝動所引來的風波，巴頓冷靜思考後，對自己的行為感到十分後悔，他說：「我現在還蒙受著這個打人的恥辱，我感覺就像被關在囚牢裡；除非我能創造一個功業，來彌補並證明我自己。」

巴頓對自己有了一番深省，再加上艾森豪威爾將軍非常肯定巴頓的能力，努力為巴頓辯解，終於讓他免去了上軍事法庭受審的命運。

繼續留任歐洲的巴頓，最後以消滅法西斯的戰果，證明了自己的能力。

在困境中保持冷靜，是每個想要成功的人必備的智慧。

越是卓越不凡的人，遇到讓自己惱怒的事情，越會要求自己頭腦保持清醒，不用情緒處理事情。

有位科技公司的總經理曾說：「在情緒性反應下所做的決定或行為，通常缺乏縝密的思考，因此很容易產生錯誤的判斷與選擇。」

個性較爲衝動的人容易用情緒來處理事情，且在缺乏冷靜或理性的思考情況下，失敗的機率也往往超乎想像。

巴頓將軍的一時衝動所引發的後續效應，如果當時他不願自省並承認錯誤，恐怕連艾森豪將軍也幫不了忙的。

因此，「及時悔改」是所有因爲一時情緒而犯錯的人，在事情發生後第一件必須做的事。因爲，那不只是爲了獲得對方的原諒，更是給自己一個台階下的最好方式。

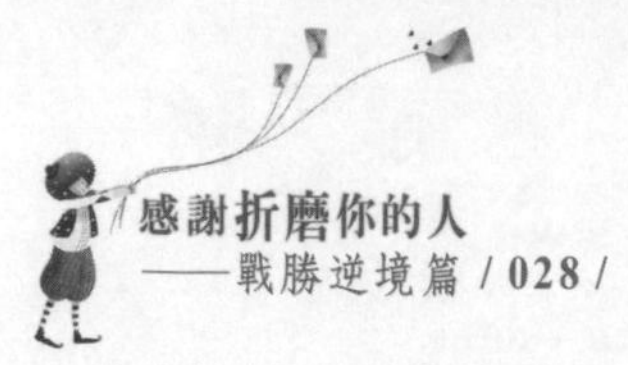

接受批評才能精益求精

能聽見批評的人是幸福的，因為那不僅能讓你即時發現錯誤，即時改正，更能讓你比別人早一步踏上完美人生的階梯。

成功者必須面對的批評聲，往往比尋常人多上好幾倍，而他們包容接納的胸襟，也往往比我們寬上好幾倍。

因此，聽到批評的聲音之時，我們應該這樣告訴自己：「因為我不是完人，免不了會有缺點，所以我必須仔細聆聽人們的批評聲音。」

爲協商脫離英國獨立的北美十三個殖民地代表們，正齊聚在會議室裡。他們一致推舉富蘭克林、傑弗遜和亞當斯負責起草一份宣言，執筆者則由才華洋溢的傑弗遜所擔任。

只是自負文采過人的傑弗遜，很不喜歡人們對他有所批評。所以，將《獨立宣言》草稿送給委員會審核，與起草人一同坐在會議室外等待時，傑弗遜便顯得焦慮不安。

時間不知道過了多久，一直等不到消息的傑弗遜，似乎等得有點不耐煩，忽然站了起來，接著便在原地來回地踱步。

坐在他身邊的富蘭克林，看著傑弗遜焦躁不安，忍不住拍了拍他的背，接著還講了一個年輕友人的故事來開導他。

富蘭克林說，他的這個朋友原本是個帽店的學徒，三年學習期滿之後，便決定要自己開一間帽子專賣店。

首先，他親自設計了一個店面招牌，上面寫著「約翰．湯普森帽店，現金販售約翰製作的各式禮帽」，而文字的下面則畫了一頂帽子。

就在準備請人依樣製作招之前，約翰把設計草稿拿給朋友們看：「你們有沒有什麼意見？」

第一個朋友看了看，認眞地批評道：「你應該把『帽店』刪除，因爲那是多餘的。」

第二位朋友看了，也直接批評說：「約翰，你應該把『約翰製作的』省略，因爲顧客們不會太在意帽子是誰製作的，只要商品質量好、樣式好看，他們自然會購買了。」

第三位朋友看了則說：「去掉『現金』兩個字吧！在我們這裡，很少有人會賒帳！」

於是，幾經刪除之後，設計圖上的文字已經相當精簡，只剩下「約翰・湯普森販售各式禮帽」與手繪的帽子圖。

「販售各式禮帽？」最後一位朋友看了之後，對餘下的幾個字也提出了疑惑。他說：「約翰，『販售』這個字是多餘的，因爲沒有人會指望你送帽子給他啊！」

於是，約翰將「販售」一詞刪除，然後又仔細地看著剩下的幾個字，最後把

「各式禮帽」也刪了，因為他想：「下面已經畫了一頂帽子啊！」

就這樣，約翰的帽子店終於開張了，招牌掛出來時，上面醒目地寫著「約翰．湯普森」幾個大字，下面則是一頂新潮的禮帽圖樣，對於這個簡單明瞭的招牌，每位進門的顧客們無不稱讚有加。

聽完了這個故事，原本自負且焦躁不安的傑弗遜漸漸地平靜了下來，向富蘭克林點了點頭，表示明白了。

終於，《獨立宣言》草案在眾人們精心推敲、修改後完美撰成，如今更成為全世界的人們傳頌不朽的民主宣言。

聽見別人的批評，你都如何因應？是怒目相向，是反唇相譏，還是心存感謝，虛心接受並默默反省呢？

從富蘭克林用來安撫傑弗遜的小故事中，我們可以看見「去蕪存菁」的過程，經過一步又一步的刪除，帽子店的招牌不僅越來越明確、清晰，也越來越具有廣告宣傳的吸引力和效果，一如美國獨立宣言草稿般。

沒有人一出手便是完美的，能集眾智總是比單打獨鬥更能把握住成功的第一時機，所以，當傑弗遜明白富蘭克林的勸諫，不僅明白了團結力量的好處，也更懂得接納批評後，自己將擁有的進步空間有多寬廣。

有人說：「能聽見批評的人是幸福的，因為那不僅能讓你及時發現錯誤，及時改正，更能讓你比別人早一步踏上完美人生的階梯。」

一個人抱持怎樣心態，他就是怎樣的人；一個人表現出怎樣行爲，他也就是怎樣的人。面對批評所採取的態度，正是一個人最好的寫照，如果你想讓自己更上層樓，那麼就要先改變你對批評抱持的態度。

開口不代表就一定要說話

當我們準備高談闊論時，先仔細想想，接下來的話語是否妥當，如果仍然是一段口水爭論，那麼還是學著把話吞回去吧！

幽默作家馬克吐溫在《傻瓜威爾遜的日曆》上曾經諷刺地寫道：「人在尷尬的場合，緊急的場合或絕望的場合，褻瀆之言便會脫口而出，這一點甚至連信徒都不例外。」

其實，張開口，我們不一定要大聲說話，有時候也可以是一個用來化解紛爭的咧嘴笑容。相同的，閉上嘴巴，也不一定是因爲退縮，有時候只是爲了避免言語的衝突越演越烈。

卡爾文·柯立芝是美國第三十任總統，傳記作家指出，看似政績平平的他，其實是位頗富特色的人。

一九二四年，柯立芝以壓倒性的優勢擊敗了民主黨候選人，再度登上了總統寶座，當時他的競選口號是：「冷靜，柯立芝！」

自從入主白宮以後，柯立芝將搖椅放在前門迴廊，夜晚時分，經常坐在那兒抽雪茄與思考。

曾經有人評批他：「在總統生涯裡，他所做的最大功績，就是他比任何一個總統都睡得多，在多睡少說的情況下，他把自己包覆在高尚的沉默中，而雙腳則靠在桌上，打發著一天又一天的懶散日子。」

也因此，人們後來還為他取了一個「沉默卡爾文」的綽號。

大選那年，在一場記者上，一開始便有人問他：「關於這次競選，不知道你有什麼話要說嗎？」

「沒有。」柯立芝搖了搖頭回答。

另一位記者又問：「那麼，你要不要談談目前的世界局勢？」

「不！」柯立芝依舊搖了搖頭。

另一家報社記者則問：「那關於禁酒令的消息，你有什麼看法？」

「沒有。」柯立芝始終都不願給予回應。

當記者們失望地準備離開前，柯立芝忽然又叫住了他們，接著嚴肅地說：「記住，你們不可以隨便引用我的話。」

結束了加利福尼亞州競選之旅，柯立芝準備返回華盛頓時，隨身採訪的記者們問他：「您有什麼話要對美國人民說嗎？」

柯立芝先是楞了一會兒，接著只說「再見」便結束了。

對於這樣簡短的回應與訴說，柯立芝一直都有自己的見解，有一次他對友人說：「我知道自己該怎樣應付這種場面，如果你什麼也不說，就不會有人要你重複回應。」

然而他的行為和態度，卻被名記者門肯評道：「在美國總統的記錄上，他幾

乎是空白的，沒有什麼人記得他做過什麼事或說過什麼話。」

其實，門肯判斷錯了，因爲柯立芝後來說過的很多話，如今都成了美國人民的名言警句。

像是當他擔任馬薩諸塞州州長時，面對波士頓警察的罷工行動，他所留下的這段評論，便成爲日後人們記憶深刻的柯立芝語錄：「不論在任何地方或任何時候，我們都沒有權力舉行反對公共安全的罷工運動。」

正因爲這番堅持公權力的話語，讓他的名字散佈美國的各個角落，且進一步讓他成爲日後當選副總統最有效的宣傳。

俗話說：「話多不如話少，話少不如話好。」

我們從故事看見，柯立芝徹底地實踐也享有了這句俗話的好處，正因爲懂得「說得好又不如說得巧」道理，所以柯立芝不談世界的多變，也不隨意批評禁酒政令。這不只是身爲一個公衆人物應有的謹愼，更因爲他知道，自己的地位和名

聲對世人有著一定的影響力，也會是人們信仰的目標，所以他要謹守「惜話如金」的原則。

這是身為美國總統的柯立芝的謹慎，就像他曾說過的一句名言：「如果我們能保持冷靜地坐下來，那麼我們生活上有五分之四的困難都會消失。」

為了避免不必要的對立與誤解，何不學學柯立芝的行動表現？當我們準備高談闊論時，還是先仔細想想，接下來的話語是否妥當，如果說出口的話語仍然是一段口水爭論，那麼還是學著把話吞回去吧！

迷失之後，應該設法找回自我

迷失自我是很普遍的現象，社會的誘惑太多，但並不能以此作為逃避錯誤或失敗的藉口。迷失之後，應該設法重新找回自己。

人很容易在繽紛絢麗的世界裡頭受到誘惑，遺忘了自己的某些初衷、熱情和夢想，有時候甚至把自己也給忘記了。

古羅馬思想家塞涅卡曾經這麼說：「有人活著沒有任何目標，他們在世間行走，就像河中的小草，他們不是在行走，而是隨波逐流。」

在人生的旅程中，如果沒有固定的目標，智慧就會在光河裡流失，做出本末倒置的傻事也就不足爲奇了。

很久以前，有個宗教的教主打算辦個盛大宏偉的祭典，於是就命手下衆教徒們到各個鄉野、城市採買陶器，或僱請陶工回來製作陶器。

他的一個徒弟奉了命，便到市集上採買陶器，看到一個陶工牽著一匹背上馱了形形色色陶器的驢子，正要趕來市集。

誰知，那驢子突然向前一傾，轉眼間背上所有的陶器全部落在地上，碎裂得看不出本來的模樣，陶工頓時在街上嚎啕大哭了起來。

徒弟感到很奇怪，便上前詢問：「你爲什麼要哭得這麼傷心呢？陶器破了，再做不就好了？」

「這些陶器花了我一年的時間才做成，原本是要到市集上賣錢，現在全都打破了，我一年的心血都打碎了，能不傷心嗎？」

徒弟一聽，心想這頭驢子眞是能幹，才一瞬間就把陶工做上一年的東西全部打壞，教主一定會喜歡這匹驢子。

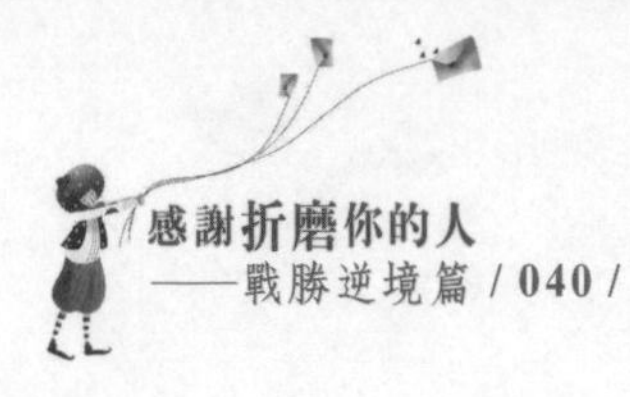

他立刻請求陶工將驢子賣給他，陶工求之不得，馬上就把驢子賣給他。

教主見到騎著驢子回來的徒弟，感到十分奇怪，就問他：「你怎麼騎頭驢子回來呢？我要你買的陶器呢？」

「師父，我原本想買些陶器或請個陶工回來，但我發現這驢子的本領比陶工強多了！牠可以一瞬間就把陶工做了一整年的陶器毀得乾乾淨淨。」

教主聽了，生氣地教訓徒弟說：「哎，你眞傻，這驢子能頃刻打破陶器，可是牠一百年也做不成一個呀！」

就像許多男性拼命地賺錢，目的是爲了讓妻兒能受到妥善的照顧而無後顧之憂，然而，卻往往爲了錢，犧牲掉了陪伴孩子、陪伴妻子的時光；更糟糕的是迷失在交際應酬之中，任由貪婪與慾望驅使，遺忘了家人的存在。這也是一種迷失，和故事中的徒弟又有什麼兩樣？

故事中，徒弟原本的任務是要找尋陶工或買回陶器，後來卻買回了只會破壞

陶器的驢子，說是本末倒置，一點也不為過。

不想在人生旅途迷失，我們可以利用筆記，簡單記下自己的想法和概念，以便隨時檢視，感到迷惘或徬徨之時，就能靠著記錄初衷的隻字片語，引導我們走回原本的道路。

迷失自我是很普遍的現象，社會的誘惑太多，但並不能以此作為逃避錯誤或失敗的藉口。迷失之後，應該設法重新找回自己，如此才能更加堅定自己的信念，瞭解了自己的弱點，更清楚了自己人生的目的了。

不要讓自己成爲別人的困擾

要多注意自己的言行舉止，因為，當我們帶給別人不方便或麻煩時，我們也為自己帶來了許多困擾。

如果不希望別人成爲我們的困擾，那麼，我們應當先自我反省，要求自己不要成爲別人的麻煩。

凡事從自己做起，然後我們才有資格要求或糾正他人的錯誤，唯有秉持著這樣的態度，人與人之間才能常享和平共處的時刻。

有六個年輕人相約一塊兒搭火車旅行，還請售票員讓他們坐在同一車廂內。六個人當中，有五個人全都安靜地休息著，但是第六個年輕人卻相當不安分，非但不肯安安靜靜坐在位子上，還故意喧鬧打擾其他乘客的安寧，朋友們怎麼勸他都不聽。

終於，他們熬到了目的地，其他五個年輕人全急急忙忙地下車，似乎想立即拋下那個惱人的朋友，絲毫不管那個年輕人很辛苦地獨自一人提著兩個沉重的皮箱下車。

年輕人好不容易將行李搬下車，並往站台內走去。

就在他走了好長一段路後，突然在他身後傳來了一個聲音，那是一位對他十分不滿的乘客發出的聲音：「你把一件東西留在車廂裡了！」

這位乘客一說完，便將窗戶關上，年輕人聽見有人通知他東西遺漏了，連忙提著兩個沉甸甸的皮箱往回跑。

但是，他實在太累了，根本趕不及上車拿取，火車便啟動了，著急的他連忙呼喊道：「我留了什麼東西啊？」

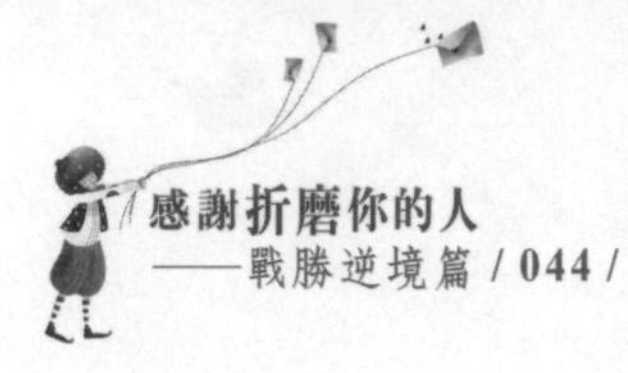

火車開動了，這時車窗再次打開，那位乘客並沒有探出頭，只用力地朝著窗外喊道：「是一個極壞的印象！」

團體裡不管成員複雜還是簡單，總會有害群之馬，我們不必急著批評別人，而要先反省自己是不是別人的困擾來源。

生活上，我們確實要多注意自己的言行舉止，因爲，當我們帶給別人不方便或麻煩時，同時我們也爲自己帶來了許多困擾，就像故事中那位製造麻煩的年輕人，最後獨自一人辛苦地提著笨重的行李，沒有人願意幫忙，朋友們也迅速避開且放棄了他。

其實，在人群之中，我們很難掌控別人，只能反過來要求自己，並清楚地告訴自己：「凡事都要謹守自己本份。」只要我們能守住這個原則，自然能避開任何人際上的衝突或處事時的對立情況了。

忍耐不代表一味地退縮

當巨浪朝著我們襲擊而來時，正面迎擊，不僅能避免被巨浪淹沒的危機，還能乘著高漲的浪潮來到高處。

「忍耐」是門相當高明的生活藝術，在進退之間，何時該進，何時該退，全看我們能否正確無誤地掟住進退之間的律動。

那不僅能維護我們的自身利益，更能讓雙方在正確的進退步伐中，取得更有利於彼此的平衡點。

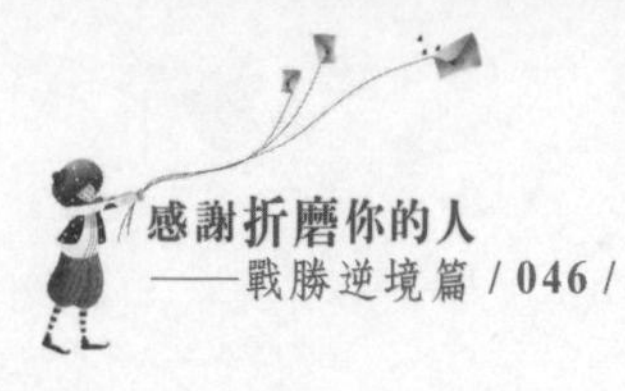

拿破崙在地中海的科西嘉島上出生，由於科西嘉島是個很偏僻的地方，島上的居民的生活情況普遍不佳，拿破崙的家境也不例外。

到了拿破崙十歲那年，一家人的生活更爲窘迫，他不得不離鄉背井，爭取進入免費招生的巴黎布里恩納軍事學校讀書，這是分攤家計的另一種方法。

操著科西嘉口音的拿破崙，不僅身上的衣物破舊，而且看起來渾身鄉巴佬模樣，令軍校裡的許多貴族公子們非常瞧不起。

然而，經常受到同儕欺負的拿破崙卻隱忍不發，因爲他想：「我好不容易才爭取到機會，不可以因爲一時意氣而喪失眼前的一切。」

拿破崙幾乎每天都被嘲諷聲包圍，許多貴族公子們一天到晚對著他裝鬼臉，甚至向他吐口水，或罵他「臭鄉巴佬」。

但是，一個人的忍耐限度是有限的，一旦情緒被塡滿了，終究會滿溢出來。這天又被羞辱的拿破崙，看著眼前張牙舞爪的同齡年輕人，心想：「如果我繼續再忍氣吞聲，恐怕不是男子漢的作爲。」

雖然他心中這麼想著，並沒有立即反攻，反而按捺了自己的衝動，繼而又想：

「那我該怎麼辦呢？他們這麼多人，我要先攻擊誰呢？」

處事冷靜的拿破崙，仔細琢磨了四天後，終於想出了一個出奇制勝的「作戰計劃」，決定先把其中幾位最風光體面的傢伙狠狠地教訓一頓，那些小跟班肯定要嚇破膽，不敢再蠢動。

這天，當那群貴公子們再次挑釁時，拿破崙忽然像頭暴怒的小雄獅般，猛地抓住了一個貴族的小外甥，接著更對準了他的肚子，狠狠地砸了一拳。

只見那個貴族子弟疼得叫喊了好幾聲後，接著就倒地不起，那些小跟班們見狀，全都慌亂了手腳，平時的氣焰不見了，一看見情勢不對，紛紛轉頭就走，扔下他們的頭兒。

拿破崙這一招果然很靈，從此，軍校裡的貴公子們再也不敢招惹這位科西嘉來的「鄉巴佬」了。

忍耐並不是一味地退讓，就像故事中的拿破崙一樣，如果當年他只是一味地

逃避退縮，任人宰割，今天的史書上恐怕就不會出現拿破崙三個字了。

平凡的你我不也如此？過度的隱忍，其實很容易造成逃避退縮的心理！

或許，有人要問：「那麼，我們在什麼情況下不必再忍呢？」

其實，反擊的時機點很好把握，只要我們發現自己的鬥志在不斷的忍讓中慢慢消散，或是當對方過度地侵犯到我們的權本利益時，就是我們做出最適當的反擊時機了。

「忍一時」的確能得到風平浪靜，然而當風浪無視於我們的隱忍，仍然捲起了當巨浪朝著我們襲擊而來時，正面迎擊，不僅能避免被巨浪淹沒的危機，我們還能乘著高漲的浪潮來到高處，接受人們的仰望。

找對觀望角度，就能看見幸福

沒有人能真正地達到完美，但我們卻可以在不足中擁有滿足，只要我們捉對了人生的觀望角度。

生命中的困惑和困境，很多時候都是我們自己造成的。

當我們擁有得越多，我們便會對生活有越多要求，然後忘了知足快樂的簡單追求，也忘了支持生活快樂的連結點——那個永遠存在你我心中，通往快樂幸福的彩虹橋。

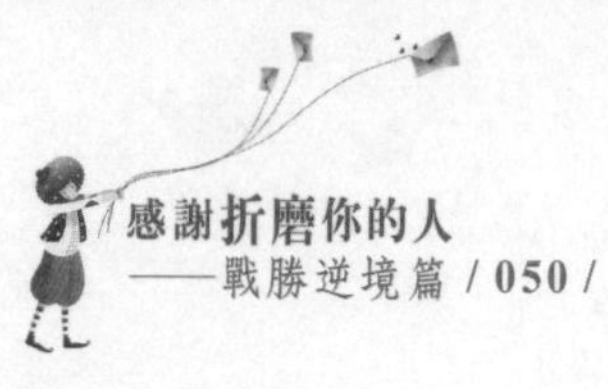

克里絲汀是許多人羨慕的對象，擁有一個完美家庭的她，也擁有著人人羨慕的年輕活力與智慧。

許多朋友很喜歡與她一同外出，因爲外形搶眼的她，無論在什麼樣的場合中，總是人們注目的焦點，鄰桌的男士會頻頻投以關注的眼神，鄰桌女姓會看著她開始竊竊私語，總之，有了克里絲汀的陪伴感覺很特別，因爲她讓許多朋友們都沾光。

但是令人難以想像的是，當克里絲汀將一個人視爲莫逆時，她便會開始向她講述她悲慘的生活，像是爲了減肥而跳凌波舞，或是爲了保持體形而不斷努力，最終卻演變成厭食症……等等。

朋友們聽到她這麼說時，無不吃驚得目瞪口呆，特別是當她認眞地說：「我一直覺得自己長得又胖又醜，沒有人愛我！」

即使朋友們眞誠地說：「妳想太多了，所有人對於妳的容貌與好運氣，可是相當羨慕呢！只要能像妳一樣擁有這一切，無論要付出多少，我們都願意。」克里絲汀聽了，也會搖搖頭說：「算了，這些安慰話我聽多了，謝謝妳的安慰，不

過那對我來說於事無補。」

總之，只要人們越是肯定她是個幸運且幸福的女子，她就越加反駁。沒有人知道她希望得到怎樣的滿足，他們唯一可以確定的是，無論現在擁有了多少人人羨慕的生活，她始終都不覺滿足。

生活不需要完美，因爲太過完美的日子，會讓人失去生活的鬥志。曾演過超人的克里斯托夫．瑞維斯，在一場表演意外中受傷，出院後，他辛苦撐著摔斷的脖子，並充感激地對著鏡頭說：「感謝上帝留下了我這條命，因爲祂讓我知道，我可以去做些眞正有意義的事，像是爲殘障朋友們提供更好的服務等。」

因爲生命有缺，所以聰明人知道要補足其中的不完美處，因爲知道自己的人生有缺，所以聰明的人懂得知足與珍惜，而不會像克里絲汀一般，在人人羨慕的完美中，爲了顧及完美而失去了開放的心胸。

現實生活中，我們看見許多和克里絲汀一樣的人，老是爲了腹部的一小層脂

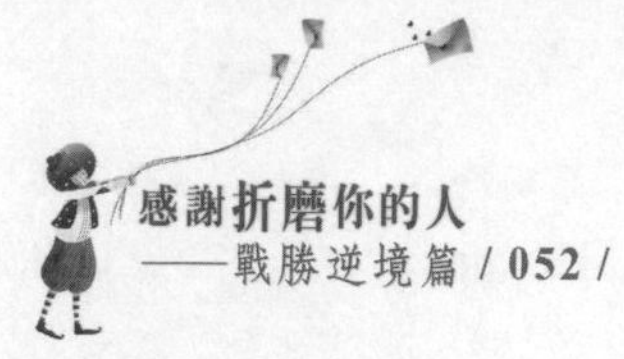

彷苦惱不已，或是惱怒無法完美的自己與人生，每天糾結著心情，卻只是爲了這類芝麻小事，會不會很好笑呢？

不必羨慕別人的完美，也不必追求絕對的完美。

沒有人能眞正地達到完美，但我們卻可以在不足中擁有滿足。開朗的心情要靠我們自己建立，因爲，只要我們捉對了人生的觀望角度，自能在綿綿細雨中看見你我渴盼的那道彩虹。

「模稜兩可」也是一種說話技巧

以模稜兩可的方式來導言，這不僅能技巧性掩蓋對於眼前人物認知上的不足，也能避免掉不必要的誤謬。

在一般情況下，話語裡充滿了「模稜兩可」這四個字，代表著說話的人不夠誠懇，也不夠負責。

但是，如果換個角度來評斷，當我們爲了解決紛爭或突然的衝突時，模稜兩可的話語，反而能沖淡彼此緊張對立的氣氛。

在對立點模糊之後，我們不僅能找到整理情緒的空間，也能進一步讓彼此進退皆宜的有利空間。

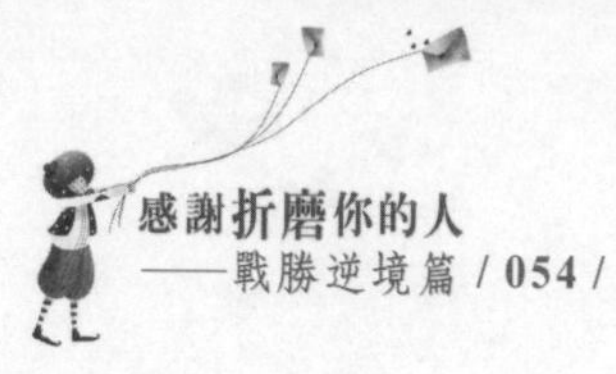

喬治是美國一位著名的宴會祝詞專家，一生中參與過的宴席實在難以計數，當然，因爲他的開場祝詞，而讓宴會圓滿達成的數量更是無法細數。

不過，在這麼多成功宴會中，其有一場卻差點破壞了他的圓滿計劃。

那是一年一度的禁食節，原本在飯店裡休息的喬治，忽然被兩名惡棍強行帶走，他們強迫他去參加一場名爲「約尹．史密斯」的黑道宴會。

喬治一聽到是幫派的宴會，立即拒絕道：「對不起，我不知道誰是史密斯先生，我不知道怎麼該撰寫他的祝詞啊！」

兩名小混混一聽，只說：「他是一個很重要的人物！」

在宴會廳上，喬治被架上了講席台，而台下的客人們則正在開懷暢飲，熱鬧非凡。當喬治被架上台時，現場登時安靜了下來，全心等待這位著名的祝詞專家怎麼恭維他們的大哥。

喬治見狀更加緊張，深怕一不小心說錯了話讓自己小命不保。

喬治小心翼翼地問著身邊的人：「關於史密斯先生，我可以說些什麼？他又有些什麼成就呢？」

台下的人答道：「你在幹什麼？你不是很聰明嗎？」

喬治緊張地吞嚥了一口水，接著又看著台下開始狂飲的大哥們，竟嚇得渾身發抖了起來。

最後，他用力地抽了一口剛剛接到手上的雪茄，當他吐出了一口煙後，便大聲地說：「各位，這將是我永生難忘的一場宴會！你們看看我，我眞是愚笨啊！能參與你們的盛會，且能爲偉大的史密斯先生的好好地表揚一番，那是一件多麼榮耀的事。大家想想，是誰渡過了德拉瓦河？又是誰解放了黑奴？是誰發明了電？又是誰戰勝了三凡山之役呢？也許，這些不是史密斯先生的功勞，但我知道，如果老天爺也給了他這樣的機會，他一定也能完成這些偉大的功績！你們說，是不是呢？謝謝！」

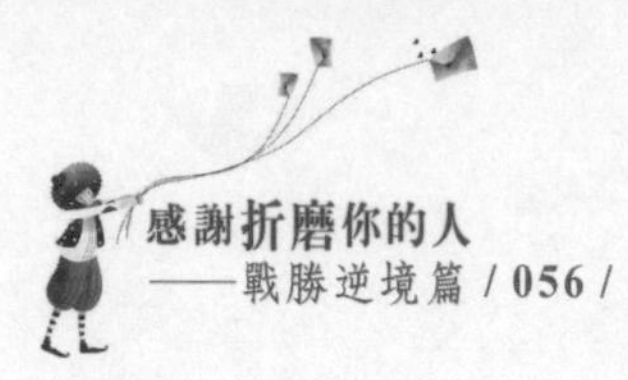

多數人習慣在模糊與直言之間，選擇一個絕對的溝通方法，而熟知我們的人確實也能體會其中的眞正含意，但是萬一遇上了不熟識我們性格的人呢？他們又是否能夠體會，在我們慣用的「絕對」中所隱含的本意呢？

就像故事中的喬治，習慣先了解背景與熟知表揚對象之後，再提出正確且直接的讚揚，所以當他被迫爲黑道大哥發表讚美詞時，因爲不熟悉人物背景，也無法確定當下的宴會屬性，因此他知道，如果選擇「直接陳述」，那必然埋伏著說錯話的危機。

所以，他以模稜兩可的方式來導言，不僅技巧性掩蓋他對於眼前人物認知上的不足，也避免掉不必要的誤謬；在避開了可能的言語誤解之後，他總算在這樣的非常場所中獲得「天助自助」的奧援。

PART 2

積極等待人生的轉捩點

最壞的時候也會是最好的時刻，
當人人退縮不前時，
只要我們能積極前進，
自然能搶得先機。

態度是跨越成功的關鍵

無論是工作還是生活態度，一個眼神、一句話或是一個小動作，在在表現出你我的工作能力與企圖心。

態度經常是品評一個人的標準，即使是才華洋溢的人，如果在待人接物上的態度漫不經心，甚至表現出傲氣或自恃的神情，不論他的成就多麼高，大多數人也不願給予他正面評價。

這天，有位妝扮十分素雅的老太太，來到麵店門口買東西。

看起來高貴優雅的她，慢條斯理地對店員說：「請給我一斤拉麵……」

老太太話還沒說完，女店員便立即抓起一把麵，接著往秤子上一扔，但是這時，老太太仍然慢慢地繼續說：「麻煩您，請將麵分成兩半，每半斤裝成一包，謝謝！」

老太太話才剛說完，女店員竟怒氣沖沖地說：「妳為什麼不早點講？」只見女店員心不甘情不願地將麵分成兩包，接著竟然將麵丟給老太太。

這個動作令老太太十分不高興，滿臉慍色地說：「小姐，妳怎麼這麼沒有禮貌啊！」

「半斤麵才賣妳九元，九塊錢！妳想要什麼禮貌？」滿臉都是麵粉的女店員粗聲粗氣地說。

老太太一聽，只得忍著氣走了。從此，老太太寧願多走五百公尺的路程，到較遠的另一個麵攤去買麵，也不願再踏入這間服務很差的麵店。

她說：「我不想受那九塊錢的氣。最重要的是，即使湯頭再好，搭配上那樣的麵條也不可能美味。」

不出所料，一年後那家麵條店倒閉了。

我們一定有過這樣的共同經驗，原本帶著非常好的心情出門，卻在遇見服務態度很差的店員之後，遊玩的興致完全被破壞了，就像故事中的老太太遇見的情況一般。

現實生活中，我們表現出來的態度和情緒，原本就是建立個人形象的重要方式，很多時候一個不經意的眼神，便有可能莫名地失去友朋的情誼，又像一些經常漫不經心地待人接物的人，無論他們在什麼樣的領域中發展，想要有作爲恐怕難上加難。

態度是我們表現誠意與才能的最佳方式，發自內心的善意才能打動人心，獲得對方的接納與支持。無論是工作還是生活態度，一個眼神、一句話或是一個小動作，在在表現出我們是否誠懇、用心，甚至表現出你我的工作能力與企圖心。

善用我們生活中的零碎時間

如果我們一天能節省個十分鐘，一週下來便能多出一小時又十分鐘，一年大約有一百五十二個小時可以靈活運用的時間。

雷巴柯夫曾經如此寫道：「時間是個常數，但是對勤奮者來說是個變數。那些用『分』來計算時間的人，比起用『時』來計算時間的人，時間多了五十九倍之多。」

短短的一分鐘，我們能做什麼事？

認眞的學生說，他可以背一個英文單字；力爭上游的上班族說，他能用來思考老闆剛剛下的命令；英明的大老闆說，他會利用這個極短的空閒時間，思考並

果斷地決定下一步要往哪走。

卡爾．華爾德曾經是愛爾斯金的鋼琴教師，有一天，正在指導愛爾斯金時，忽然問他：「你每天用多少時間練琴？」

愛爾斯金說：「每天四小時左右。」

卡爾點了點頭，接著又問：「那麼你每次練習的時間都是固定的嗎？」

愛爾斯金遲疑了一下說：「我是很想讓時間固定下來。」

沒想到卡爾卻說：「最好不要固定下來，因爲，你以後的時間恐怕越來越零碎，不像現在那樣可以有那麼長的空閒時間。」

卡爾看著愛爾斯金有些困惑的臉，微笑著說道：「你可以養成一種習慣，就是一有空閒就練，有幾分鐘就練習幾分鐘，不必將練習時間刻意地固定下來。像是上學之前或在午飯以後，或在工作的休息時間……等等，即使只有五分鐘，也要把握住這五分鐘。慢慢地，你將會習慣於零碎時間的運用，這些分散在一天之

內的練習時間，很快地便會成爲你日常生活中雖然短暫，但是效果最好的關鍵時間。」

卡爾的這番話對十四歲的愛爾斯金來說，確實有些難懂，畢竟以當時的情況來看，他的空閒時間實在太多了，沒有必要特地利用所謂的「零碎時間」來應用，所以對卡爾的忠告一點也沒有注意。

直到他出了社會後，這才體會到老師的生活體悟頗有道理，貫徹執行後，更讓他得到了無限的生活助益。

有一年，愛爾斯金來到哥倫比亞大學教書，爲了能兼職從事創作，想盡了方法，希望能空出更充足的時間來寫作。

然而，固定的上課時間，與改閱學生的考卷、報告和開會等固定的事情，幾乎把他白天和晚上的時間全都佔滿了，因此，開始教書的前兩個年，愛爾斯金連一個字都沒動。

每當知道他的夢想的人問他：「創作進展如何？」

他總是說：「我沒有時間啊！」

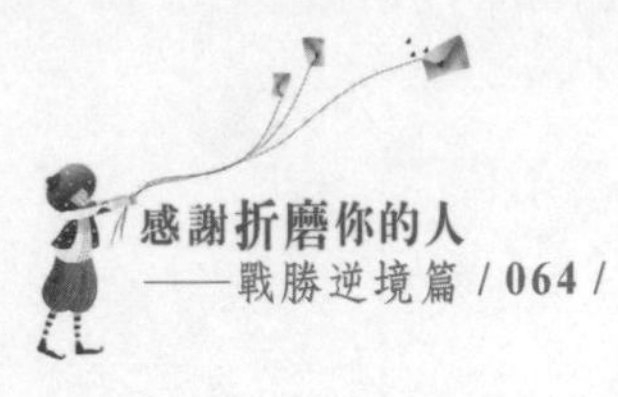

直到有一天，他翻開過去的琴譜時，突然想起了卡爾．華爾德先生告訴他的話：「多用零碎時間！」

接著，愛爾斯金改完考卷後，便立即找出稿紙，並在短短的五分鐘時間內，寫下了約一百字左右的句子。

的確，只要有了開始，一切就能照目標前進！

從此，愛爾斯金的文稿累積得越來越多，也終於完成了他的第一本長篇小說，儘管愛爾斯金的工作一天比一天繁重，但是每天仍能找出可以利用的閒暇，即使只有一分鐘。

你一天有多少時間用在工作，又有多少時間是分配來休息睡覺？扣除這些大塊分配的時間之後，其間零散空出的時間，你都怎麼運用？

曾經有位台大醫師這麼計算：「如果每個工作天能整理並節省下二個小時，那麼一週下來我們便累積出了十個小時，又一年下來，我們便能省下五百個小時，

換句話說，我們的生產力便能提高百分之二十五了！」

看完醫師的分析，你是不是也覺得很可觀呢？

我們試著縮小單位，如果我們一天能節省個十分鐘，一週下來便能多出一小時又十分鐘的可利用時間，一年下來，我們大約有一百五十二個小時可以靈活運用的時間。

那麼，你還在抱怨時間不夠嗎？

仔細地算一算，剛剛不經意浪費掉的發呆時間，算算搭車時，漫無目標地東張西望的時間……然後我們將清楚發現，可以讓我們充分利用的時間，竟然那樣多。

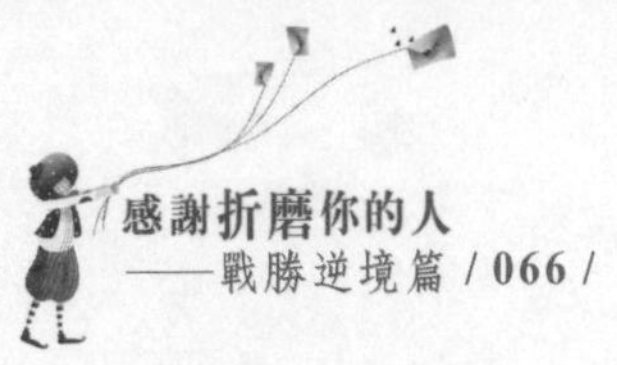

積極等待人生的轉捩點

最壞的時候也會是最好的時刻，當人人退縮不前時，只要我們能積極前進，自然能搶得先機。

作家羅曼羅蘭在《貝多芬傳》裡曾經這麼形容這個偉大的音樂家：「在困厄顛沛的困境，能堅定不移，甚至還感謝這個困境，這就是貝多芬真正令人欽佩的不凡之處。」

確實如此，生命歷程的重點在於我們用什麼心境面對自己的處境，以及遭逢逆境之時，能否找到改變現況的契機。

機會不等人，但是我們可以等待機會。

生活中，我們無法預見機會的芳蹤，但是面對眼前的人事物，我們應當要細心且虛心對待，因爲很多時候，改變人生的轉捩點就隱藏在你我身邊最尋常的人事物之中。

那年剛滿二十歲的開普勒，對於自己的未來充滿了不確定感，家境不好的他，學習過程很不平順，以致於拿著普通學歷，處處受到人們的歧視。

爲了能夠維持基本生活，開普勒努力地找到了一份廚師工作，雖然只是臨時工作，但是他卻相當用心地學習著。

有一天晚上，正當他準備關店休息時，有個澳洲人忽然闖了進來，請求他：「您好，我想請您幫個忙，因爲我迷了路，已經一天都沒吃東西了，請您幫忙煮份簡單的餐點，讓我塡飽肚子，拜託！」

開普勒看對方非常餓的模樣，便微笑點頭，接著就回到廚房去準備了。

當他從廚房裡端著熱騰騰的餐點出來時，卻見到除了這個澳洲遊客外，餐廳

裡又多了一個不速之客，就坐在澳洲人前方的桌子，當他上前服務時，發現對方是個不會英文的阿拉伯人。

曾學過阿拉伯話的開普勒，這回總算派上用場，得知這位阿拉伯人也迷路了，且肚子也很餓，於是再次走到廚房烹煮。

再次回到前廳時，他發現餐廳的氣氛很沉悶，或許是因為語言不通，兩個客人全都一言不發地坐在那兒。

於是，他將套餐送上後，便坐在他們之間開始與他們交談，一會兒用英文與澳洲客人交談，一會兒則用阿拉伯話與阿拉伯人閒聊。令人驚訝的是，開普勒後來發現，這兩位客人竟然都經營與「羊」有關的事業，其中，澳洲客人有一個很大的綿羊養殖場，而阿拉伯人則是中東一家羊進出口公司的老闆。

於是，開普勒便問澳洲人願不願意將羊出口，又問阿拉伯人是否願意從澳大利亞進口羊隻。

兩個人同時都用力地點了點頭，於是在開普勒牽線下，雙方交換了聯絡方式，並談妥了價格，一個跨國貿易就這麼成交了。

當他們準備離開前，澳洲人問開普勒：「您能留連絡地址給我嗎？」開普勒開心地點了點頭說：「好啊，有時間歡迎你們再來！」

三個月後，開普勒收到了幾封信，其中有一封是從澳大利亞寄來的，原來是那位澳洲旅客。

他在信中寫道：「非常感謝您那天的遠見與幫忙，如今我已經送了好幾千隻羊到阿拉伯去了，這裡有張二萬美元的支票，希望您不要客氣，那是經理人應拿的介紹費用。」

看著這封信，開普勒心中忽然激盪著一股很強的力量，這天晚上他反覆地看著這封信，然後有了新的人生計劃與更明確的人生目標。這晚的確是他人生的轉折點，從此開普勒也變得更加開朗、主動，不久他走進了商場，開始了全新的美麗人生。

你認爲機會會出現在什麼時候呢？

是在烈日陽光下，還是陰雨滴落的角落裡？

其實，任何時候都有可能，就像故事中的開普勒，他一定沒有料到在營業時間結束前一刻會有這樣的「奇遇」吧！

那麼，仍然辛苦等待機會的人，此刻何不讓信心重振？

不管外面的天氣是晴是陰，都要積極地走出去，因為最壞的時候也會是最好的時刻，當人人退縮不前時，只要我們能積極前進，自然能搶得先機。

就像原本準備「關門」的開普勒，在熱心助人的行動中，大方地迎接了未可預知的成功良機，這種主動積極的態度，正是經常選擇搖頭拒絕的我們應當好好學習的。

實務經驗比學歷高低更重要

高學歷不一定代表經驗豐富，因為經歷必須由我們親自碰撞、累積，這些無法從書本裡獲得。

保持柔軟的身段，把週遭難纏的人都當成鏡子，把惱人的事都視爲砥礪自己的磨刀石，通常是一個人邁向成功最有效的途徑。

每個人都有著與衆不同的生活歷練，所以我們要尊重彼此的經驗，並積極互動、交往，才能從中互補彼此生活經驗上的不足。

其實，學歷只是生命經歷裡的一小部份，只要我們能學會尊重有經驗的人，便能少走幾步冤枉路。

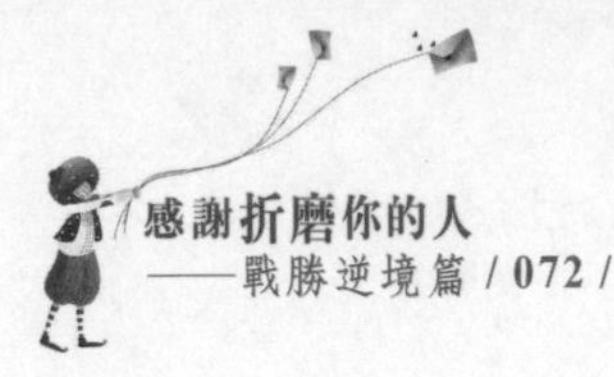

有個著名的博士受聘到一家研究所工作，是裡頭學歷最高的一位。

有一天，他到校園裡的小池塘釣魚，正巧遇見所長與副所長也在那兒釣魚，心想：「好像也沒什麼好聊的！」於是，他禮貌性地朝著兩位所長點頭招呼後，便開始準備他的釣魚工具了。

過了一會兒，所長放下了釣竿，接著伸了伸懶腰，看起來似乎有點累了，不久便站了起來，接著竟輕鬆地從水面上如飛般地走向對面的廁所。

這位博士看見所長竟然有如此的好功夫，眼睛睜得大大地，心想：「難道所長懂得水上飄？不會吧？但這確實是個池塘啊！」

不一會兒，所長從廁所走了出來，再次地從水上飄了回來。

只見博士滿臉困惑地看著所長：「這是怎麼一回事？」

博士心中雖然十分困惑，但是卻又不好意思去問，只因為他認為：「我好歹是個博士，提出這種問題恐怕會被恥笑。」

過了一會兒，連副所長也輕鬆地展露了一次「水上飄」的功夫，這會兒可把博士弄得更糊塗了：「這是怎麼一回事？難道他們兩位會特異功能？」

忽然，博士也內急了起來，仔細一看，池塘兩邊有圍牆，要到對面廁所非得繞十分鐘的路，但又不願意向兩位所長請教「水上飄」的疑問。

憋了半天，最後他實在忍不住了，竟也起身往水裡跨入，因爲他想：「我就不信他們過得了水面，我這個博士卻不過不了。」

忽然，「咚」的一聲，博士整個人跌進了水池裡。

正副所長一看，連忙將他拉了起來，並問他：「你爲什麼往水裡跳啊？」

只見博士滿臉尷尬地問：「爲什麼你們可以在水上飄行？」

正副所長聽了相視笑道：「我們不是在水上飄啦！你不知道這池塘裡有兩排木樁嗎？這兩天因爲雨下得很大，正好將木樁淹沒了。雖然被淹沒了，但我們仍然知道木樁的位置，所以可以輕鬆踩著樁子走過去啊！咦？你不知道的話，怎麼不問一聲呢？」

「因爲我是個博士！」當故事中的主人翁心中響起了這個聲音時，我們也預見了自視過高的人即將面臨的失敗。

高學歷不一定代表經驗豐富，因爲經歷必須由我們親自碰撞、累積，這些無法從書本裡獲得，即使有人們撰文建言，如果我們沒有親身經歷，仍舊很難明白其中的問題與竅門所在。

所以，當故事中的博士狼狽地掉入水池時，相信許多人都忍不住要嘲笑他：「不懂就要問人，何必那麼高傲？」

是啊，不懂就要「問」，即使問題太過簡單又何妨，讓人們笑一笑，從此我們不會再犯，那才是生活上避免犯錯的正確態度。

要不著痕跡地拍對方馬屁

適度地拍人馬屁，不僅是保護自己與別人的最好方式，也因為退讓了這一步，反而讓自己多了一步前進的空間！

在現實生活中，爲了得到晉升的機會，我們不僅絞盡了腦汁，更花了大把的時間精力來表現自己，爲何始終都成效不彰？可能的原因很多，不過，其中最重要的一個原因是因爲我們的交際手腕不夠圓融，不懂得適度地拍人馬屁。

聰明人的拍馬屁動作，其實是一種安撫動作。爲了讓成功的步伐能夠紮實前進，他們的拍打動作會很輕，不會在馬屁上留下拍打的手跡。

一心一意想到某國擔任外交官的某位議員，由於一直都等不到總統的回應，於是決定要採取主動攻勢，希望能早日實現他的目標。

這天，他直接前往以熱愛煙斗著名的總統傑克遜家中拜訪。

一如往常地，傑克遜總統手執煙斗並愉悅地呑雲吐霧著。

這位議員一看見傑克遜總統，便立即提出請求：「總統，我想請您幫個忙，請您放心，我沒有什麼特別的要求，只是想請您送給我一份小小的物件，即使已使用過的也無妨，因爲那將幫助我一個很大的忙。」

傑克遜大方地說：「好，你需要我要幫什麼忙呢？」

議員吐了口氣，接著說：「嗯，是這樣的，因爲我家有位年邁的老父親，對您景仰已久，對您的品味更是十分推崇，剛剛我出門前，父親告訴我：『孩子，如果你有機會面見總統，能不能幫我向他要一只煙斗，讓我留作紀念。』總統大人，正因爲老父親的要求，所以我不得已向您求助，不知道您願不願意滿足家父

的希望呢？」

傑克遜笑著說：「當然可以啊！」

接著，傑克遜按響了門鈴一下，有位僕人拿著三個乾淨的煙斗出來，請這位議員挑選。但沒有想到，議員這時卻說：「對不起，想請您原諒我，因爲我想了想，不如就要您現在正在使用的這只煙斗，可以嗎？」

傑克遜一聽，很客氣地問道：「這個嗎？當然可以，不過，這個煙斗我還沒有清理過呢！」

於是，傑克遜親自將煙灰掏出，豈知就在這個時候，議員再次打斷了他的動作：「等等，您別把煙灰掏空，我希望能保持它原來的模樣，特別是您使用過的最好。」

傑克遜笑著點了點頭，便親切地將煙斗遞給了他，只見議員小心翼翼地將煙斗包覆在一張紙裡，接著再三地感謝傑克遜送給他這份寶貴的禮物，然後以十分神聖的神情離開房間。

過了兩個星期，這位議員便接到了出任南美某國大使的派令。

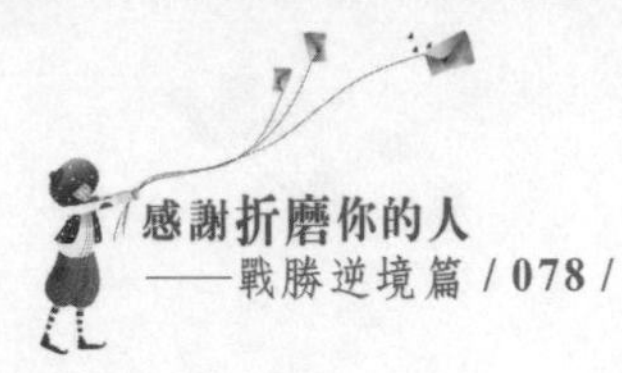

爲了當官而大拍上司的馬屁，這是古今中外爲求發達升官的人，必然會出的招數，就像故事中的議員利用人性心理的弱點，充分地滿足了傑克遜的虛榮心理，間接成就自己的需求，可謂相當高明的方法。

這個議員沒有直接請求，也沒有表現出著急求官的態度，反而藉由轉述父親的景仰之心，進而讓傑克遜從他的推崇言語中產生了好感與信任。

如此聰明的求官方法，在雙方裡子與面子皆周全顧及的情況下，使得議員因爲這個簡單的動作而輕鬆地官運亨通。

其實，拍人馬屁不一定是壞事，因爲聰明的人都會適度地拍人馬屁，那不僅是保護自己與別人的最好方式，也因爲退讓了這一步，反而讓自己多了一步前進的空間！

寬心待人是化解心結的最好方法

熱情能點燃人與人之間的情感，誠摯能融解人們心中的冷漠；先放下自己，我們便會得到別人的接納。

一個人會過怎樣的日子，關鍵並不是外在環境，而是內在心境。越是遇到讓我們不悅的人，越要提醒自己寬容對待。這是因爲，能量不滅的定律，不僅僅適用於物理範疇，同樣適用於人際關係。你曾經付出什麼，最終就會收穫什麼。

寬心待人是人類社會中最重要的態度，不要老是想著私利，因爲，當我們的心胸能夠敞開，接納那些曾經與我們對立的人之後，自然能共享社會中的大小利益而皆大歡喜。

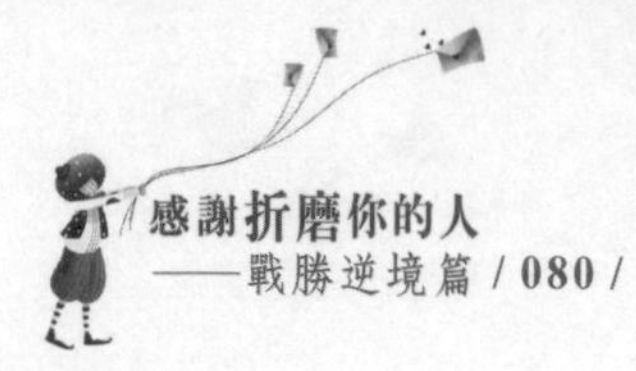

在德國，有位傳教士西蒙．史佩拉每天都會花很多時間在田野間散步，每當人們從他身邊經過，不論對方是誰，他都會熱情地向他們問好，其中有位名叫米勒的農夫，是他每天必定會遇見的對象之一。

米勒有一座位於小鎮邊緣的農莊，史佩拉則每天都會來到他的田邊。與勤奮工作的米勒相遇時，西蒙總是大聲地向米勒說：「早安，米勒。」

其實，傳教士第一次向米勒道早安時，米勒並沒有立即給予回應，就像小鎮裡大多數的人一樣，對於陌生人總是充滿著距離感。此外，由於猶太人和當地居民處得並不太好，更讓這個小鎮經常處於冷漠、對立，甚至是仇恨當中，想讓這個小鎮裡不同族群的人，結交成爲推心置腹的好朋友，實在是難上加難。

不過，這位猶太傳教士一點也不灰心，因爲他的勇氣與決心，堅持一天又一天地遞送他的溫暖笑容與熱情招呼聲，終於讓聞聲時轉頭閃躲的米勒有了善意的回應，最後他看見了米勒舉起了農夫帽向他示好，也看見了米勒臉上流露的親切

笑容。

從此，史佩拉高聲地說「早安，米勒先生」時，米勒也會朗聲回應：「早安啊，西蒙先生！」

這樣的景況在納粹黨上台後中止了，因爲史佩拉全家與村中所有的猶太人，都被集合起來送往集中營。

排在長長的行列中，史佩拉靜靜地等待發落，從行列的尾端，史佩拉遠遠地看見了指揮官正揮舞著一根指揮棒，一會兒向左指一會兒向右指。

那是分配一個人生死的指揮棒，往左邊一指是死路一條，被分配到右邊的則還有生還的機會。

史佩拉排在長長的人龍之中，心臟怦怦跳動的聲音連他自己都聽見了，很快的，就要輪到他了，到底他會被派往左邊，還是右邊呢？

這時，他看清楚了這位指揮官，一個有權力支配他生死的人，當他的名字被叫到時，突然之間他的恐懼竟消失得無影無蹤了，因爲，他遇見了一個熟悉的「朋友」。

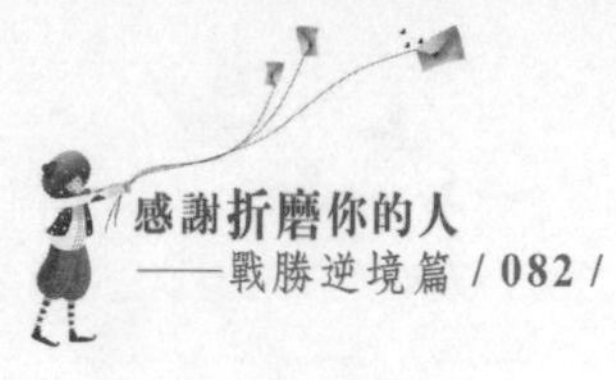

當他與指揮官四目相遇時，史佩拉一如往常地，輕鬆自然地向指揮官說：「早安，米勒先生。」

雖然米勒的眼神裡充滿著冷酷無情，但是史佩拉看見朋友的那刻，心中竟然自在了許多。

當米勒聽見史佩拉的招呼聲時，身子突然不由自主地顫動了幾秒鐘，接著他也靜靜地回應了一聲：「早安啊，西蒙先生。」

忽然米勒舉起了指揮棒，喊了一聲：「右！」

史佩拉一聽，不禁激動地落下了淚，同時，也回給了米勒一個熟悉的點頭和微笑。

人與人之間的情感要怎麼連接起來，從陌生人到好朋友的關係，又需要哪些交流過程？

其實很簡單，從故事中米勒與史佩拉的交往經過，我們便可得到啟發，一切只需要兩個字：「真誠」！

在充滿對立與冷漠的氣氛中，史佩拉用熱情點燃了人與人之間的情感，還用誠摯的心融解了人們心中的冷漠。

在此同時，我們也看見他那寬厚的胸襟，領悟了：「自己先放下，然後才能得到別人的接納。」

熱情能點燃人與人之間的情感，誠摯能融解人們心中的冷漠。先放下自己，我們會得到別人的接納。

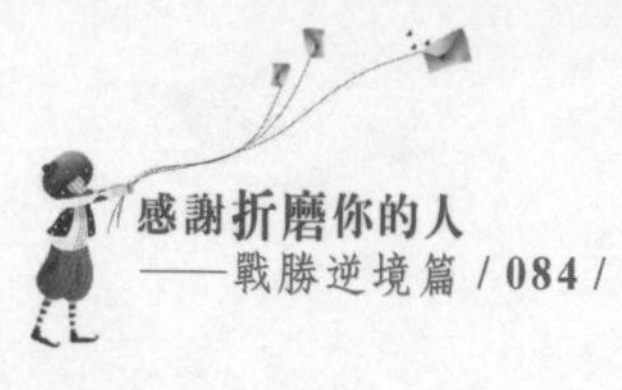

生活中的分分秒秒都價值不菲

每個人會遇見的困難與運氣其實是等量的，後來會出現不同的結果，那是因為有著不同的認知與應用。

許多創造出一番事業的人都認爲，時間無疑就是孕育自己成就的肥沃土壤。他們知道，時間會給只知幻想卻不行動的人痛苦，卻會帶給充滿信心又勇於創造的人幸福。

麥克．默多克說：「我們每天只擁有二十四節車廂，你是用垃圾還是用鑽石來填滿它們的呢？」

時間是每個人最寶貴的財產，善於利用的人從中能預知成功的時刻。

在相同的日出日落時間裡，我們進行著各自的人生，也各自調配手中的生命時間，在一去不返的時間列車裡，我們到底會將什麼東西裝進車廂，端看自己如何選擇了。

有人將比爾蓋茲的二十四小時與工人鮑比的二十四小時相比，相同的二十四個小時，爲什麼比爾蓋茲與鮑比的成就會有這麼大的差異呢？

其實，鮑比雖然只是個擦汽車玻璃的工人，不過他的口才與人際關係卻很受人們的肯定，但是不管人們怎麼鼓勵他，鮑比的生活卻始終都未見起色，更別提有什麼輝煌成就了。

每當朋友們遇見他時，鮑比總會說：「是的，我有許多夢想要實現，我一定要活出精采的人生。」

當朋友們看見他充滿著如此激昂的鬥志時，都會忍不住說：「鮑比，我相信你一定能成功的！」

然而，在紐約一家加油站工作的鮑比，話一說完，心中便又倏地興起了否定的念頭：「唉，在這個競爭激烈的紐約，我怎麼可能有什麼成就？能在這裡擦玻璃已經很好了啊！」

第二天回到加油站，慢慢地擦拭著車窗玻璃後，不斷否定自己的鮑比便忘了昨日的激越，於是日復一日，始終只能在加油站裡幫車子擦拭玻璃，並領取那微薄的零錢。

反觀比爾蓋茲的景況卻截然不同，當鮑比一分鐘只賺入幾塊錢時，比爾蓋茲一分鐘內便賺進了八百美元呢！

很明顯地，同樣有二十四節車廂的兩個人，一個是裝進了空白與垃圾，一個則積極地裝滿了鑽石與寶物，從中我們得到了什麼啓發呢？

每個人會遇見的困難與運氣其實是等量的，之所以進展到後來會出現不同的結果，那是因爲不同的人，面對勇氣與運氣時有著不同的認知與應用，一如故事

中的鮑比與比爾蓋茲。

我們都有相同的二十四小時，也有轉動速度相同的分分秒秒，只是在這段相同的時間裡，因爲我們不同跨出的時間，或因爲遲疑而浪費的時間量不同，所以，我們最後在相同的時刻累積了不同的成果。

我們手中的分分秒秒到底價値多少，評價的標準並不在最後的結果，而是在使用的過程，即使初步結果未如預期，但是能充分利用時間，即使只有一秒鐘，也是集結成功不可或缺的一刻。

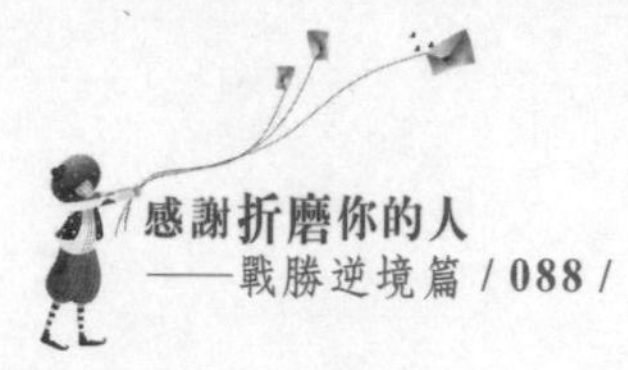

保持冷靜，才能走出困境

過去的事情我們無法改變，未來的事卻是可以扭轉創造的！
只有保持冷靜，才能安然走出困境。

古羅馬作家普勞圖斯曾經提醒我們：「泰然自若是應付困境的最好辦法。」

其實，人在身處困境時，適應環境的能力最爲驚人，因此身處困境的時候，更應該保持冷靜，從容面對不利自己的情勢。

越是危急的時候，越需要冷靜，一旦無法保持冷靜，人就會陷入險境。

每當遇到突如其來的衝擊，我們常常讓「情緒」跑在理智的前面，因而看不見事情的原貌，也無從用腦袋考慮問題的癥結以及解決的方法。相反的，如果懂

得巧妙應對，不但讓對方無從下手，更表現出自己的泰然自若，不只替自己解圍，同時也突顯出自己的胸懷與氣度。

山裡有兩隻鬼，一隻紅面，獠牙向外暴，手裡拿著狼牙棒；一隻青面，眉毛長得拖地足足三公尺，耳朵細又長，高高豎著。

他們原本是深山裡甚少出現的鬼怪，不過，這天他們爭吵的聲音卻響遍了山谷，穿越了河川。

「這東西是我的！」

「不！應該是我的！我先發現的！」

「要不是我的眉毛，這寶物還在懸崖裡拉不上來……」

一名獵人聞聲好奇地靠近，忽然咚的一聲，整個人都被提起。原來是紅面鬼丟掉手裡的狼牙棒，把偷聽的獵人抓舉起來。紅面鬼張著銀亮獠牙，對青面鬼說：

「不如我們把這個人從懸崖上丟下去，猜他是活還是死，猜中的人就可以擁有那

些寶物！」

獵人嚇得尿都快流出來。只見青面鬼暴凸出眼珠子說：「你是白癡嗎？一介凡人掉下萬丈深淵哪還有命可活？」

獵人顫抖著，不住點頭。

「你這麼說好像也有點道理。」

「我看，不如我們猜猜他家一共有幾個人，猜對的人不只可以有寶物可得，還可以順便飽餐一頓。」

「這主意好！」於是，紅面鬼搖了搖手中臉色發白的獵人，厲聲問道：「喂！你家住在哪裡？」

聽見這番話，獵人嚇得腦袋清醒了，心想絕對不能讓這兩隻鬼去家裡吃掉妻兒，登時充滿勇氣，答道：「我花一個多月了才走到這裡，不如我幫你們想個辦法解決難題吧。」獵人繼續說道：「剛剛你們說的寶物是什麼？我怎麼沒看到？」

青面鬼一臉不屑地指著地上一堆東西說：「看到沒？那箱子、木杖、木鞋，只要隨便一樣，都是天下難求的寶物。」

「你們要的話，我可以幫你們做另一份，這樣就不用爭了。」

「果然不識貨！哼！無論想要什麼，箱子都變得出來；不論天地萬物，只要高舉木杖無一不從；天涯海角，只要穿上木鞋，一眨眼就到了。你說這樣的寶物你會做？別笑死人了！」青面鬼尖銳的笑聲聽來十分嚇人。

獵人靈機一動，說道：「那你們給我一點時間，我來幫你們分！但要請你們走開一點，你們嚇人的模樣讓我沒辦法專心。憑你們兩位的本領，應該不用擔心我會偷偷溜走吧？」

青面鬼冷哼了一聲，紅面鬼則把獵人丟到地上，說道：「喂！我們會一直緊盯著你，如果你沒想出解決方法，就先吃了你再繼續想法子。」

獵人立即高舉木杖，腳穿木鞋，一隻腳踩在木箱上，說道：「這些東西現在是我的了，你們馬上滾回到你們的巢穴，永遠都不許出山！」

兩隻鬼馬上發出嗚嗚的哀鳴聲，頭也不回地往深山跑去了。

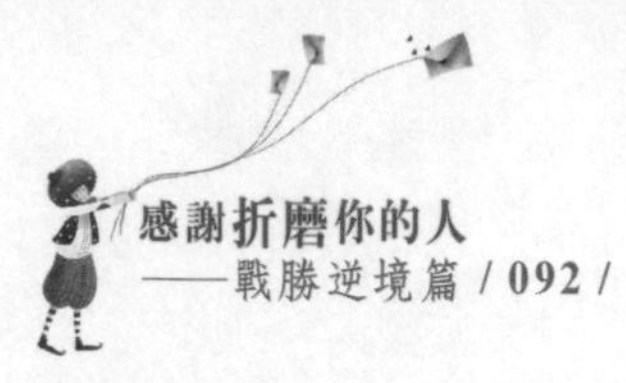

遇到困境，必須以積極的心態對待，才能突破原本僵困危急的局面，幫助自己度過難關。

事情已經明明白白地攤在眼前，我們可以選擇解決問題，也可以選擇別過頭，不去看問題的存在，但是事情並不會消失不見。

有些問題可以多花點時間去解答，有些問題則像故事中獵人遭遇的難題，迫切需要當下進行決斷，我們該怎麼判斷呢？

首先，認清已經發生的事實，承認它的存在；之後設定多種「未來可能的選項」，將那些有機會解決的選項一一列出，然後運用機智加以化解。

過去的事情我們無法改變，未來的事卻是可以扭轉創造的！與其緬懷過去錯誤的選擇，或是一味慌亂過日，不如更積極地去考慮今天與未來要如何走下去，只有保持冷靜，才能安然走出困境。

不會掌握時間，就會被時間拋棄

我們不僅要知道行動的方向，更要能合理地分配時間，能夠捉住時間的韻律，我們才能舞出完美亮麗的人生舞步。

仔細地看著鐘擺左右晃動，是否有太快或過慢的擺動情況？

應該沒有這種情形吧！

唯一會出現的狀況，應該是對於不懂運用時間的人，鐘擺聲會變成催眠聲，讓人在渾渾噩噩中忘了把握時間。

那年，溫德爾．威爾基加入了美國總統大選的戰局，機智敏銳且才華出眾的他，被譽爲兩黨歷年來所提名的總統候選人中，最具感召力的人選！

一九四〇年，威爾基與已經連任兩屆總統的富蘭克林．羅斯福，一同站上了總統大選的擂台，展開一場前所未有的競爭。

由於羅斯福已經連任二屆，而且在美國歷史上還沒有連任第三屆的紀錄，所以溫德爾想利用這個「常規」，削減羅斯福的參選氣勢，並加深選民對自己支持的力量。

然而，就在種種有利情況都傾向於威爾基的同時，威爾基卻讓自己一再地錯失最好的時機。

由於，他與幕僚們在安排行程時，排入了過多的繁瑣事情，以致於宣傳政見時經常失焦，讓民衆看不清楚他將給予人民什麼樣的未來和希望。

更由於威爾基在分配任務時不知道輕重緩急，以致於整個團隊經常浪費有利的時機點，更失去了最有效的宣傳機會，即使他們努力地規劃了各種競選活動與宣傳，卻始終都是事倍功半。

例如，某一天，威爾基規劃了一項活動，乘坐著火車沿途停靠，並立即在現場發展演說，雖然有許多人被他的演講感動，但是一天下來，他的體力負荷不了，不僅聲音顯得沙啞，精神也變得越來越不濟。選舉活動結束後，他趕往全國性的電台節目宣傳，原本可以有效地向上千百萬的人民宣傳政見，卻因爲嗓子已受損，民衆根本無法從電台上聽見他到底能創造什麼樣的未來。

這是威爾基錯失良機最明顯的情況，因爲經常沒有弄清楚什麼才是最有效率與最好的機會，很明顯的，他距離成功的目標也越來越遠了。

反觀羅斯福總統就不同了，雖然行動不便且公務纏身，公開露面的機會少之又少，然而他卻十分懂得捉住機會。

因爲他知道：「有效的利用時間，並有效提高每一次發表政見時的宣傳效果，即使只有一次發表政見的機會也夠了！」

所以，當他出現在相同的電台裡發表演說時，那明亮且明確的政見宣示，不僅充分讓人民明白他的方向，更讓每個仔細聆聽的選民，相信自己聽見的一切承

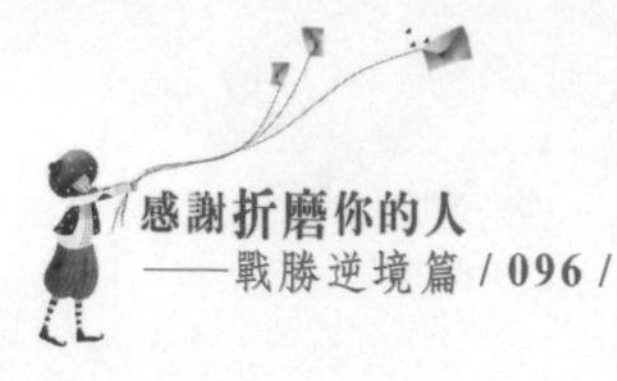

諾！

於是，結果正如我們所看見的，羅斯福再次地拿下了美國總統寶座，並打破了歷年來任期不過三的傳統。

威爾基的失敗在於時間的分配不當，忽略了時間運用之時，「質」比「量」更為重要，因為過度地分割、盲目使用時間，讓他無法在最好的時機表現自己，更錯失了最佳的宣傳時刻。

相反的，雖然羅斯福總統的時間比威爾基少，但是，他卻能把握住每一個最佳時刻，將自己心中的理念與未來目標明確表達出來。這不僅能讓人民更清楚他的訴求，進而讓人民明確地知道他們所想要的，並清楚地選出他們所相信的未來。

時間與行動力有著親密關係，我們不僅要知道行動的方向，更要能合理地分配時間，就像音樂與舞步的搭配一般，能夠捉住時間的韻律，我們才能舞出完美亮麗的人生舞步。

PART 3

成功的跳板就在我們身邊

只要我們的企圖心強，
只要我們的膽識過人，
只要我們的智慧充實，
那麼，許多人事物都會是我們的成功跳板。

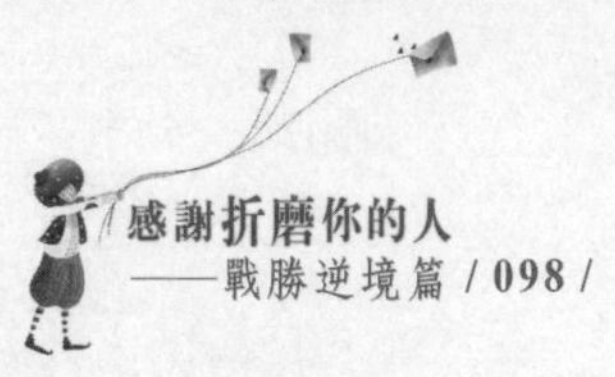

能否成功，決定權就在你手中

只要我們能給自己多一點耐力和毅力，辛苦地爬完了上坡路段之後，接下來自然能輕鬆自在地往成功的終點走去。

俄國文豪契訶夫曾經說過：「人的眼睛，在失敗的時候，方才睜了開來，看見成功的曙光。」

這句話告訴我們，成功經常會成爲下一次失敗的原因，當然，任何失敗也都可能因爲智慧和努力，而成爲下次成功的開始。

生活上一定會遇見困難，那是因爲每一個困難都是成功的助力，你是否也能如此看待，決定權就在你手中。

給自己多一點信心吧！紮實地累積自己的實力吧！不論會遇到多少風雨，我們都一定能親手將雲霧撥開，讓希望的陽光再展笑容。

二十歲時，史東來到芝加哥，準備經營一家保險經紀公司，當聯合保險經紀公司的名字登記完畢之後，他立即聘僱近一千名的員工。

史東讓他們接受約一週的訓練，便分別將他們派往各州，並授予他們行銷經理的頭銜，他還將地方經營權，全都交由這些行銷經理掌管，由他們親自領導新進的行銷員，培訓自己所需要的助理人才，至於芝加哥總部，也留下了幾名助理，以協助史東管理來自各分店的訊息與業務。

以爲一切都在掌控之中的史東，卻沒料到接下來竟遇上了美國經濟大恐慌，原本積極前進的事業，一夕之間跌到了谷底，因爲大家都沒有錢買保險，連最基本的意外險與健康險都保不起。

面對這突如其來的意外狀況，史東的事業面臨了極大的生存危機。決心不放棄的他，努力地想出了激勵自己的座右銘：「只要你願意用樂觀與決心面對這一切，一定能重新再站起來！」

不一會兒，他又寫下了另外一句：「銷售是否能成功，決定權在於推銷員，不是在於顧客。」

爲了不讓自己的座右銘變成空洞無用的口號，他決定走出辦公室，親自到紐約城裡推銷。一個月後，史東將成績帶回總公司與其他人分享，所有員工無不佩服他的能力。在這麼蕭條的時期，他竟然能讓每天的成交量，達到鼎盛時期的成績。

原來，在二〇年代初期，保險業剛剛開始進入民衆的生活中，市場自然十分龐大，史東推銷得十分順利，所以在推銷員的工作心態與方式上，他並沒有特別注意或發現新的行銷技巧，直到危機出現時。

從那一刻開始，他才發現，原來工作態度與技巧才是行銷人員的首要，特別是在親自上場後，更能體會出問題所在。

從此，史東開始進行他的行銷講座時，第一課都是向業務人員詳細說明如何

培養積極的工作態度，並找出最適當的行銷手法！

史東以將近二年的時間到各分部演講，並親自陪同業務人員去推銷，也一再地證明一點：「決定權就在我們的手中，不在顧客們的身上！」

在美國經濟的低點，史東積極突破困難與瓶頸，當美國經濟復甦時，史東的事業同時也站上了高峰。

詩人白朗寧曾經寫道：「一時的成就，通常是以多年失敗為代價而取得的。」的確，想要不經過艱難曲折和挫折失敗，就能功成名就的想法，往往只是癡人說夢的幻想。

你還是習慣等待別人的回應，然後才進行下一個步驟嗎？

「決定權就在你手中！」這是史東突破困難後的成功心得，更是每個人在面臨困難時，應當建立起來的正確態度。

面對未來生活上各種困境，我們都要給自己這樣堅定的信念，人生道路原本

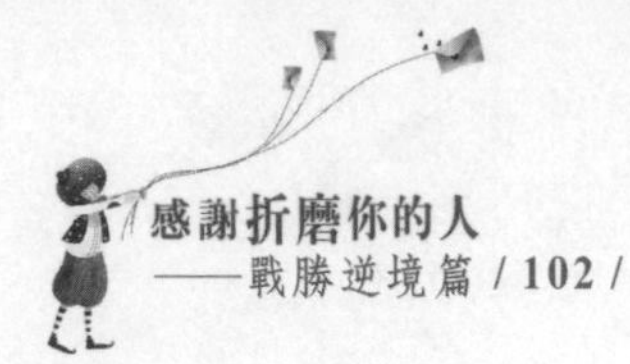

就會有彎曲之處，當然也一定會有平坦筆直的路段，只要我們能給自己多一點耐力和毅力，辛苦地爬完了上坡路段之後，接下來自然能輕鬆自在地往成功的終點走去。

我們可以試著想像一下，當困難被我們視爲阻力時，慢慢地心中也開始感受到了恐懼，反之，當我們將困難視爲難得的挑戰時，很快地我們渾身便充滿了積極的戰鬥力。將這兩種感受仔細比較之後，聰明的你應該知道要怎麼選擇了吧！

用意志力實現你的夢想

只要我們願意積極地督促夢想實踐，能給自己無比的自信心，然後便能達到「心想事成」的最終目標。

你是否也曾發現，當你將情感或思考集中在一個特定的目標物時，你的生活周遭便會開始出現這類事物，當你正著迷於某一種衣物顏色時，似乎滿街也開始出現了相同的色彩。

你知道那是什麼原因嗎？

因爲你的意志力正開啓了你的夢想世界，一個可以由你決定的未來世界。

這個周末，席勒來到邁爾希教堂演講，就在演講結束後，活動承辦人卡倫．托馬斯與他閒聊了一會兒。

兩個人聊著聊著，卡倫忽然提起了暢銷作家理查德．巴赫，因爲他前些日子也來到這個小鎮，並開辦辦了一個研討會。

席勒聽見巴赫不久之前曾經造訪這裡，竟有點激動地說：「眞的嗎？我是他忠實的讀者啊！」

卡倫．托馬斯笑著說：「眞的嗎？我這裡有那場研討會的錄音帶，你要不要聽聽看呢？」

席勒拿到錄音帶後，便立即拿到車裡播放，他一邊開著車，一邊仔細聆聽巴赫的「激勵人生的方法」。

從音箱裡傳出了巴赫的聲音：「你們可以試著練習這個動作，先選擇一個物體，隨便什麼東西都可以，然後在你們的腦海裡牢牢記住這個物體的模樣，接著，

你們便會發現，原來自己腦子裡想著什麼東西，然後你就會看見那個東西正慢慢地接近你！」

原來，這是巴赫提出的「心想事成法」，最終目的是要提醒自己：「我有創造理想、實現夢想的能力。」

席勒聽完了錄音帶後，心想：「以意志實現夢想，這是很平常的觀念，不過這個實驗方法我倒沒試過，不如現在來試一試。」

於是，席勒將車子開到路邊，先是閉上了雙眼，接著腦海裡開始想像一顆紅透的番茄，然後當他一張開眼，腦海裡滿是番茄後，他便不再理會它，繼續開車上高速公路。

爲了避免刻意地想起番茄這個影像，席勒開啓了廣播來分散心思，不過，他仍偶爾會想起「番茄」這個果實。

沒想到，就在他前進了快一百公尺後，有輛卡車駛進了右車道，就在席勒開過這輛車的身邊時，忽然驚呼：「番茄！」

原來，這輛卡車的車體上畫了一顆又圓又大的番茄，看著這個大大的番茄，令席勒渾身起雞皮疙瘩：「沒想到眞的奏效！但是，這會不會是運氣？我再試試別的看看。」

於是，席勒再次將車子停下，腦子裡用力地想像著「勞斯萊斯」的車形，因爲在這個區域的勞斯萊斯並不普遍，大約一千輛只見得著一輛。

等席勒將車子的影像牢牢記住之後，便再次上路了。

沒想到，就在他往這條熟悉的道路上前進後不久，不止看見一輛勞斯萊斯，約半個小時內，他看見了兩輛！

這究竟是什麼樣的能量？是一種神秘的念力，還是普通的想像力量？

其實，這不是什麼神秘的力量，只是常存於我們身上的生命念力，只要我們願意積極地督促夢想實踐，給自己無比的自信心，然後便能完成巴赫的激勵人生法，進而達到「心想事成」的最終目標。

因爲一個人的思考就像個磁鐵，回想一下，我們是否曾經「想」著某事或某

人時，接著便很神奇地出現了這些人事物嗎？

其實，那不是什麼奇妙的巧合，而是很自然的「因為心念，所以事現」的感應，因為我們正在集中心思，思想著某人，所以那個人很奇妙地被牽引出現在你我的面前所致。

回到席勒「心想事成」的試驗，也延伸至我們夢想實現的經過，試想面對著夢想時，有多少人懷抱信心並堅持達成的呢？

每當我們踏出行動時，在你的腦海中出現的是失敗的淒涼結局多，還是聽見成功的歡呼聲多？

一個深具信心會實現的念力，代表了我們實現夢想的可能，故事中的席勒實驗再次地證明了一項原理：「你怎麼想，你的未來就怎麼走！」

努力地往前看，因爲未來就在前方

只要我們懂得珍惜殘缺人生中難得的擁有，那麼不管我們歷經多少不幸，我們都能感受辛苦中的甘甜滋味。

不斷地回想過去，我們能改變多少已發生的事實呢？

反覆地抱怨昨天的是是非非，事情又有多大的扭轉空間？

生活只有不斷地往前進，沒有太多的後退空間，我們唯有面對未來，努力地往前踏進，然後才能扭轉昨天鑄成的錯誤。

有兩個背景相似的亞洲孤兒，分別被歐洲人收養，在養父母悉心照顧下，他們不僅接受了完善的教育機會，更有著安穩且幸運的未來。

但是，無論上帝給予人們多少的機會，總是會有人感到不滿足，就像這對幸運被收養的孤兒一般，如今他們都已來到中年，一個是位四十出頭的成功商人，另一位則是在校園裡教書。

有一天，兩人和老朋友相約聚餐，在燭光下，他們很快地便進入外國生活的話題，然而不久之後，那位老師卻又進入了記憶裡的悲傷角落。

他回想著自己：「想起養父母當初帶我到遙遠的歐洲來，心中的孤獨有多少人知道，我是個可憐的孤兒，這段過去讓我十分痛苦。」

一開始時，每個人都表現出同情的臉龐，但是隨著他的怨氣越來越沉重，連同是孤兒的商人朋友也感到厭煩，於是忍不住揮了揮手說：「夠了，你說完了嗎？別一直說自己的不幸，你有沒有想過，如果當初養父母在上千位孩兒中挑中別人，今天的你會在哪裡？」

這位老師不以爲然地說：「你知道什麼？我不開心的原因是在……」

接著，他又將過去不公平的待遇再次陳述了一次。

商人朋友聽完後，搖了搖頭說道：「我眞不敢相信你到現在還這麼想，記得我二十五歲時，也像你一般，無法忍受周遭一切人事物，而且痛恨世界上的每一個人。總之，那時好像所有的人都故意要與我作對一般。在傷心且無奈的情緒下，我每天都極其沮喪地過日子，那時的我和現在的你一般，心中都充滿了怨懟與仇恨。」

「但是，那又如何？」商人輕輕地吸了口氣，接著又說：「幸好，我很快地找到了喘息的空間，我想勸你，別在那樣對待你自己了！認眞地想一想，其實我們很幸運，至少你沒有像眞正的孤兒那般悲慘一生，看看你自己，接受了那麼多的教育機會，也得到了那麼好的生活資源，這些擁有難道不足以讓你感到滿足與珍惜嗎？」

商人緩了緩自己的情緒後說：「我們現在有許多該做的事，首先是，不再自怨自艾，不再找藉口哭泣，而是要積極地幫助與我們遭遇相同的孤兒們，也能像我們一般，擁有自己的天空，也擁有幸福的明天。還有，只要你能擺脫顧影自憐

的情緒，你便會發現自己有多麼幸運，然後你也會像我一般，獲得你想要的成功結果。」

教師聽見商人朋友直斥自己之非，心頭確實一震，卻也因此震醒了他幾十年來的錯誤心態。

當友人打斷他悲慘的回憶同時，他也搬開了生活中的大石頭。

只見身爲教師的他，認眞地點點頭說：「嗯，我明白了！我確實該重新選擇明天要走的路。」

沒有人能擁有十全十美的生活，但是只要我們心中充滿了十全十美的「滿足感」，那麼我們便已經擁有最富裕的人生了。

讀著故事中兩個人的生命態度，我們也領悟出一件事：「生活的幸福感是自己給自己的。」

只要我們能像知足的商人一樣，懂得生命中無法完美的另一種美，也懂得珍

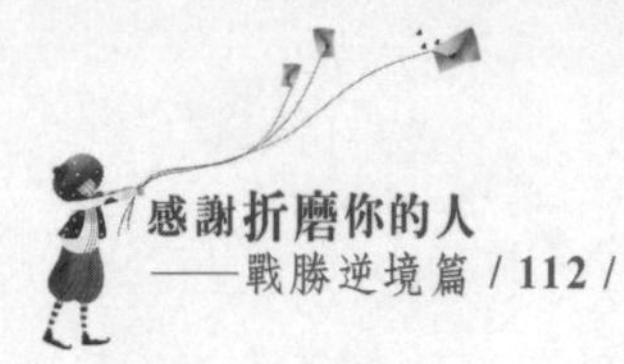

惜殘缺人生中難得的擁有，那麼不管歷經多少不幸，都能感受辛苦中的甘甜滋味。

當商人認眞地糾正教師的心態，糾正他錯誤的埋怨情緒時，你是否也忍不住重新思考自己的人生態度呢？

過去的是非終究已經過去，今天如果已幸福地擁有一切，那麼我們只需記住眼前幸福，並珍惜擁有，就會像一位哲人所說的：「今天幸福，便足以代表從過去到未來，我們的一生都是幸福。」

把握當下，是修正錯誤的最佳方法

生活上的缺口往往都只是個小缺口，但是無法冷靜處理問題的人，經常在錯誤的解決方法下，將小缺口拉扯得越來越大。

生活中的損失不一定就是完全失去，只要我們能從錯誤中立即找出停損點，積極地爲生活找到另一條出口，便能讓生活中的缺口及時獲得塡補。

喬治是哥本哈根大學的學生，今年計劃好獨自一人在美國旅行，行程的第一站是到華盛頓的威勒飯店。

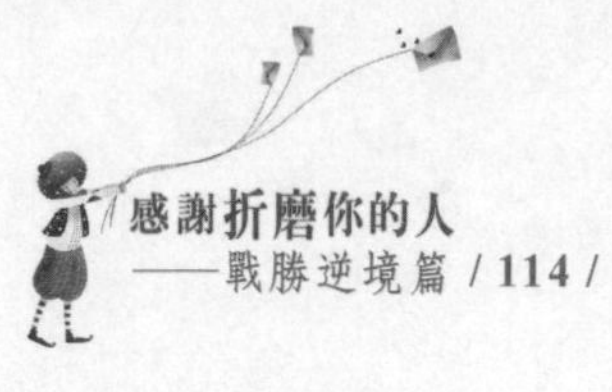

由於住宿費已經由代辦的旅行社支付，所以他只需要確認入宿的房間號碼與退房時間即可。

喬治在就寢前前，再次確認放在上衣口袋上的芝加哥機票，以及擺放在褲袋裡的護照和錢包。

然而，就在這個時候，喬治忽然驚呼：「我的護照和錢包不見了！」著急的喬治連忙下樓，向旅館的經理報備。經理聽見喬治的陳述後，便安撫他說：「放心，我們會盡力尋找。」

喬治聽見經理的保證，便放心地回房睡覺了。

第二天早上，喬治連忙向經理詢問失物的下落，只見經理滿臉抱歉地回答說：「不好意思，我們還未找到。」

身在異鄉的喬治，此刻有些手足無措，於是打電話向住在芝加哥的友人求救，但是他還無法決定，到底該要大使館報備遺失護照，還是就靜靜地坐在警察局裡等待消息？

轉念間，喬治忽然想到：「不行，我大老遠來到華盛頓州，時間相當寶貴，

怎麼能呆在這些地方呢？今晚我便要到芝加哥去了，今天一天的時間我絕對不可以浪費，錢和護照的問題就留給警察們去幫忙，我現在應該要暢遊華盛頓才是，不然將來恐怕沒什麼機會了。」

於是，喬治向警察報告一下自己的計劃，很快地，他便開始進行徒步之旅。就這樣，喬治用他的雙腳，走遍了白宮和華盛頓紀念碑，也走過了這個城市裡的許多角落。

回到丹麥之後，每當朋友們問起他的美國行時，他總是回答：「這趟美國行最令人難忘的一段，正是我徒步行走華盛頓的那一天！總之，把握當下才是最重要的！」

回到丹麥第五天後，華盛頓警局終於將找到的錢包和護照寄還給他。

看完了故事，我們可以試著想像一下，如果換作是我們，最終可能會是什麼樣的結果？

相信有人一定會手足無措的，慌亂得忘了下一步該怎麼走。或是呆坐在警局中，平白地浪費了待在當地的每一分每一秒，甚至有人會更改行程，早早返鄉，草草地結束了這一趟旅程。

你是否也像上述的情況呢？還是像喬治一般，冷靜地重新規劃這趟突發狀況的旅程？

故事中，我們很清楚地看見了喬治積極的生活態度：「把握當下！」

其實，生活上的缺口往往都只是個小缺口，但是無法冷靜處理問題的人，經常在錯誤的解決方法下，將小缺口拉扯得越來越大。因爲他們滿腦子只有「已發生的事」，而沒有「把握當下」的解決認知，所以，發生像喬治一樣的狀況時，總是徒留「最悲慘的記憶」，而不是「最難得的回憶」。

生活中，我們要面對許多突發狀況，不妨試著以「當下」爲解決問題的關鍵字，那麼無論事情進展如何，不僅能依當下的情況修正步伐，也能像喬治一般，充分地表現出臨場的機智與解決問題的能力。

不怕失敗的人必定能成功

沒有辦不到的工作，因為再大的難題都有一把解開的鑰匙。
方法就在我們的腦海中，只要我們對自己有信心。

生活中沒有眞正的困難，只有自己搬來的阻礙，生活上也沒有眞正的失敗，只有自己因爲擔心失敗而丟失了自信心。

目標能否達成，不在於遭遇的風雨阻礙多大，一切全憑我們是否能面對艱難，相信自己能突破萬難。

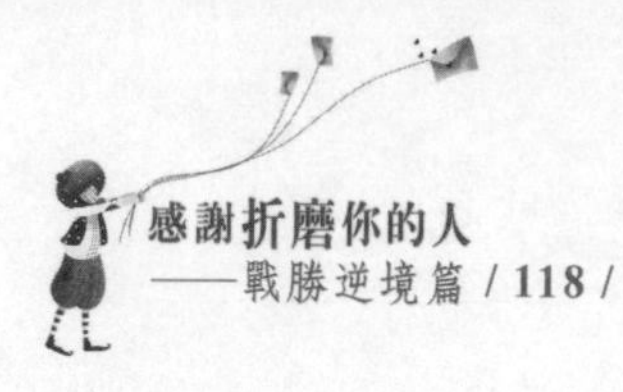

有位名叫赫伯特的推銷員，曾成功地將一把斧頭推銷給小布希總統，布魯金斯學會聽聞這則消息，立即將一個刻有「偉大推銷員」的金靴子頒給了他。因為這是自一九七五年以來，學會中有位學員成功地把一部微型錄音機賣給尼克森之後，終於又有學員成功地跨越這個門檻。

布魯金斯學會以培養世界最傑出的推銷員聞名，該學會有這麼一個傳統——他們會在每期學員畢業前，設計一道最能展現推銷員實力的難題，好讓學生們有最完美的畢業成果。

柯林頓執政之時，他們曾出了這麼一道題目：「請你們把一條三角褲推銷給現任總統。」

然而，這道題目實行了快八年，無數學員為此絞盡腦汁，最後卻都無功而返，一直到柯林頓卸任後，布魯金斯學會才把題目更改成為：「請你們將一把斧頭推銷給小布希總統。」

由於前八年的失敗教訓，許多學員都知難而退，大多數的人都認為，這道畢業題目和柯林頓時期的題目一樣，最終都會一無所獲。唯獨赫伯特並不這麼認為，

他做到了，而且沒有花多少時間精力在推銷上。

後來有位記者採訪他，他是這麼說的：「因爲我認爲，要把一把斧子推銷給小布希總統是有機會成功的。因爲小布希總統在德克薩斯州有座農場，所以我立即寫了封信給總統，信中我告訴他：『總統先生您好，我很榮幸地曾參觀您的農場，但是我卻發現，農場中有許多木菊樹已經枯死。我想，您一定需要一把小斧頭，但是，我從您現在的體力來看，這樣的小斧頭顯然太輕了，我想，您還是需要一把不甚鋒利的老斧頭吧！正巧，我這裡有一把祖父留給我的斧頭，可以輕鬆地砍伐這些枯樹。如果您有興趣的話，可以與我連絡，謝謝！』最後，總統先生眞的匯給我十五美元。」

赫伯特成功之後，布魯金斯學會在表揚他時說：「金靴獎已經設置了二十六年，這二十六年來，布魯金斯學會培養了數以萬計的推銷員，也塑造出數以百計的百萬富翁，但是這只金靴子之所以沒有授予他們的原因是，我們只想尋找這麼一個人，一個不會因爲目標無法實現而放棄的人，更不會因難以完成而失去自信的人。」

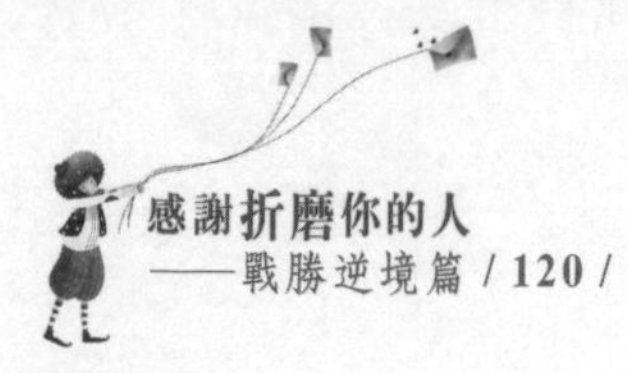

你喜歡成功多一點，還是失敗多一些？你是個喜歡挑戰的人，還是每天祈禱麻煩少一點的人呢？

看著赫伯特的挑戰精神與解題技巧，我們也看見了一個成功者突破困難的鬥志與信心。身爲推銷員的他，第一步便從「了解消費者的需求」著手，接著便深入「消費者的心理」，最後更以一把爺爺留下的老斧頭，打動總統對家鄉農場的掛念，成功地打入了消費者的心。

當大多數人都認爲這是項難以完成的任務時，我們卻看見赫伯特克服的自信，也看見他運用行銷技巧，成功地完成這項艱難的任務。

當然，我們也從中得到了一份啓發：「沒有辦不到的工作，因為再大的難題都有一把解開的鑰匙。」

所以，遭遇困難或失敗的時候，要堅信自己一定能完成任務，方法就在我們的腦海中，只要我們對自己有信心。

心態調整好，才能充分發揮潛能

重新調整自己的心態與腳步，先自我肯定，然後我們才能得到別人的認同。重新建立起自信，才充分發揮你的潛能。

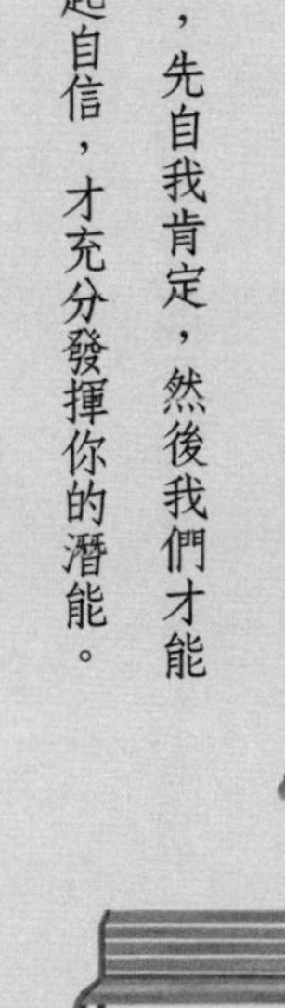

你的生活音律變調了嗎？

你的人生音色總是低沉缺乏活力嗎？

那麼，快重調你的音弦，不要讓走調的音聲繼續折損你的內在潛能，繼續破壞你的人生樂章。

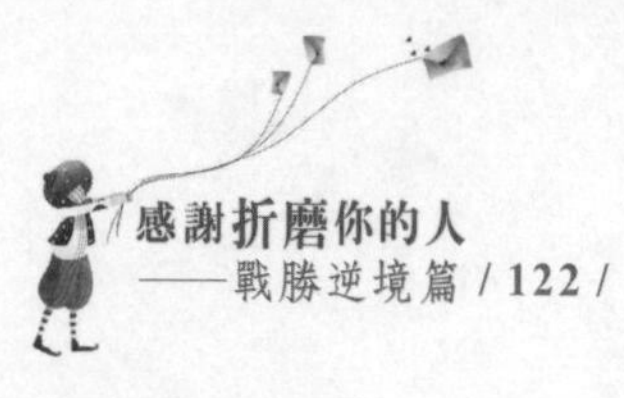

今天有個拍賣商要主持一場二手物品的拍賣會，只見他拿起一把看起來非常破舊的小提琴，接著還彈撥了幾下琴弦。

沒想到，琴音竟然全部走調，這讓原本就不被看好的琴身，更加失去了販售的價值。

拍賣商拿起了這把又舊又髒的小提琴，接著便皺起了眉頭，毫無精神地開始叫賣起來：「這把小提琴只要十美元，有沒有人要啊？」

現場雖然人流穿梭，但是卻沒有一個人願意停下腳步。

於是，拍賣商人把價格降到了五塊美金，但始終沒有人願意給點反應。最後，他繼續降價，且一路直降到了五毛。

他大聲地呼喊道：「這把琴只要五毛，我知道它值不了多少錢，但是你現在真的只需要花五毛就能把它拿走。」

就在這個時候，有位頭髮花白、留著長鬍子的老人家走了過來，問道：「能不能讓我看看這把琴啊？」

拍賣商點了點頭，立即將小提琴遞給了老人家。

老先生先是拿出了一條手絹，將琴身上的灰塵和髒污擦去，接著便慢慢地撥動著琴弦，然後又一絲不苟地將每一根弦調撥至正確的音聲，最後他把將這把破舊的小提琴擺放到下巴上，開始認眞地演奏了起來。

沒想到這一演奏，竟將人群吸引了過來。不少人被這把琴流露出來的音色感動，忍不住驚呼：「這琴音眞美，你聽這把小提琴多棒啊！」

拍賣商見狀，立即詢問現場人群：「有沒有人要買啊？」

這時，有人叫喊道：「有！一百元！」

另一個人則說：「我出二百元！」

最後，小提琴在老人家的演奏聲中，慢慢地增值至一千元時成交！

從五分美元一躍到一千美元，這中間的價差是因爲老人家的完美演出，還是這把小提琴眞有此價？

其實，這兩項都是促使小提琴增值的重要原因，懂得小提琴問題所在的老先

生，知道音準與音質是別人評價它的標準，所以輕輕調整音弦之後，不僅讓小提琴原有的音絃品質再次回復，更在自己的演奏下，讓小提琴原有的美妙音質重現。

我們也從老先生調音的動作中，隱隱約約間領悟了另一份隱喻：「原來，生活中我們要改變的不是外在環境，而是修正並提升你我的內在潛能。」

我們到底擁有多少潛能值得人們的提拔與肯定，其中決定價值的指標，並不在別人怎麼認爲，而是我們要如何表現自己。

換句話說，如果我們也像拍賣商般，不懂得提升自家產品的內在品質，只知一味地降價求售，那麼，帶著否定自我的態度，我們恐怕很難得到別人肯定。如此一來，又怎能奢望別人給予我們表現的機會呢？

重新調整自己的心態與腳步，先自我肯定，然後我們才能得到別人的認同。重新建立起自信，先肯定自己，然後我們才能在難得的機會中，充分發揮自己的潛能。

信心能讓一切不可能變成可能

即使人生困難重重，只要我們相信自己，那麼無論別人認為事情有多艱難，我們最終都一定能輕鬆渡過。

我們永遠都不知道自己的潛能有多強，但無論如何要給自己一份信心，因爲唯一能開啓生命潛能的人，只有我們自己！

只要我們能肯定自己，相信自己，那麼無論成功之門有多沉重，我們也能用一己之力輕鬆開啓。

有一天，釋迦牟尼佛要到恆河的南岸說法，有位虔誠的信徒一聽聞佛陀即將弘法，便不遠千里地來到恆河的北岸，準備到南岸去聆聽大師的教誨。

但是，當他到達恆河的北岸時，卻發現那裡沒有渡船，若是繞到另一條路徑，又恐怕走到對岸時，法會已經結束了。

「怎麼辦才好呢？」男子煩惱地想著。

於是，他只好問在旁邊休息的一名男子：「請問，這個河水深不深啊？有沒有其他方法到達對岸？」

男子說：「請放心，這河水淺淺的，差不多只到膝蓋而已。」

男子一聽，開心地說：「眞的嗎？那我不就可以涉水過去？」

只見他話才說完，便將雙腳踏入水中行走，不可思議的是，最後他竟然眞的從河面上走到了對岸。

正在恆河南岸聽法的人，看見這個男子竟然渡河走了過來，每個人都嚇壞了，因爲他們知道河水有好幾丈深。

有人擔心地問佛陀：「這該不會菩薩想指示什麼吧？不然，他怎麼能從河面

上走過來？」

佛陀微笑著說：「其實，他並不是什麼菩薩的化身，他和你們一樣都是平凡人，也和你們一樣，只是對我所說的話都抱持著絕對的信心，所以，他可以從河面上輕鬆走來。」

「因爲相信，所以不可能也能成爲可能！」這是釋迦牟尼佛在故事中要傳達的旨意。

在我們的身上原來就存在一種潛能，一種可以讓自己完成任何可能的「自信力量」；一如故事中的平凡信徒，因爲相信佛陀的話，於是在心中也建立起了橫越恆河的信心，也同時開啓了自己在河面上行走的可能。

其實，故事中的「自信」與「潛能」，並不是深奧難懂的佛學哲理，那只是一個很簡單的生活禪思，告訴我們：「即使人生困難重重，只要我們相信自己，那麼無論別人認為事情有多艱難，我們最終都一定能輕鬆渡過。」

成功的跳板就在我們身邊

只要我們的企圖心強，只要我們的膽識過人，只要我們的智慧充實，那麼，許多人事物都會是我們的成功跳板。

機會眞的看不見嗎？還是你總是退縮，害怕前進呢？

其實，每個人都有許多機會。只是因爲個人的膽識與能力不同，而讓原本均等分配在你我手中的機會，在悟性不足或探尋不力的情況下，發生老是等不到機會的窘況。

在二次大戰期間，德軍佔領的芬蘭北方，出現了一個神秘的游擊組織，那是由英國飛行員約翰尼領導的反抗組織，由於約翰尼的組織好幾次突擊成功，很快地便成爲當地的英雄人物。

直到芬蘭解放後，盟軍開始尋找這位神秘的英雄人物，然而根據官方的調查顯示，約翰尼在德軍退守前便因病去世了。

最讓人難以置信的是，英國皇家空軍最後還發現，在他們的飛行員名單中，居然沒有約翰尼這個名字存在。但是，爲什麼這個名叫約翰尼的人的事蹟卻如此普遍地流傳著呢？

後來，這個反納粹組織的游擊隊員也對外公開表示：「老實說，我們從未見過我們的領袖。」

「你們沒有見過約翰尼，怎麼知道他的指令與計劃呢？」

「一切行動，全由一位名叫安妮的小女孩傳達。」

後來，盟軍找到了安妮，也終於弄清了事情的眞相。

原來，安妮和弟弟一直很想參加當地的游擊隊，但因爲他們年紀太小，沒有

人願意答應他們。

直到有一天晚上，他們在家門口發現了一位受重傷的英國皇家飛行員，很高興自己終於有機會參與這項抗戰任務。

儘管這兩個孩子盡心盡力地照顧這位飛行員，但他實在受傷太嚴重，最後還是因傷勢過重而去世了。

姐弟倆第一次面對死亡，十分傷心，然而就在這個時候，小弟弟竟天眞地說：「如果飛行員不死，他就能領導我們展開反抗運動了。」

安妮聽見弟弟的話，忽然心生一個念頭：「嗯，雖然他已經死了，但是我們仍可運用他的名義，展開抗戰行動。」

於是，姐弟倆將飛行員的遺物和證件收好，並積極策劃一個游擊小組，接著便對外聲稱，這個是由英國皇家飛行員所領導的組織：「爲了保護領導者的安全，將由我們姐弟倆執行訊息的傳遞。」

因爲有飛行員的證件，也因爲他們姐弟倆只是傳聲員，人們很快地便相信他們的話；原本缺乏援助的游擊隊，一聽見有英國的皇家飛行員挺身當他們的領導，

一下子便凝聚了人氣，也增加了大家的信心。

一時間，士氣大振，游擊隊多次出擊都令德軍連連敗退，最後終於成功地讓德軍退出芬蘭。

後來，盟軍領袖問安妮說：「妳爲什麼不親自出面呢？」

安妮認眞地說：「不行啦！我們只是鄉村小孩，連加入戰鬥小兵都不被接受了，如果我們出面組織游擊隊，有誰會相信我，願意跟我走呢？」

盟軍笑著說：「於是，你們就借用了『虛擬英雄』的力量來號召啊！」

安妮點了點頭，接著又不好意思地問：「這不算欺騙吧？」

積極救國的安妮，竟勇敢地借用英雄之名，不僅充分表現出她的膽識，更突顯出靈活的思維與積極的行動，將創造出一股無與倫比的巨大力量，而這也正是在混沌局勢中，擁有智慧與勇氣的人得以突圍而出的主因。

從安妮的成功經過中，我們也發現了一件事，仔細看看身邊的人事物，只要我們的企圖心強，只要我們的膽識過人，只要我們的智慧充實，那麼，許多人事物都會是我們的成功跳板。

生活的決定權在我們手中，事情能否迎刃而解，關鍵不在問題的難易程度，而是在我們是否有決心解決，又是否對自己的解決能力充分相信。

只要這兩項都是肯定的，無論我們遇上什麼困難，也都能像安妮一般，緊緊把握住每一個躍向成功的機會。

用心，才能突破瓶頸

只要多用一份心，坦然地面對問題與缺失，不僅能迅速地填補缺漏，更能緊抓住事情發展的重要關鍵，踏入成功的領域。

莎士比亞告訴我們：「千萬人的失敗，失敗在做事不徹底，往往做到離成功還差一步，便終止不做了。」

唯有絞盡腦汁突破臨界點，失敗的盡頭才會化爲成功開頭。

流行的風向將往哪兒去，時尚的需求有哪些東西，方向就在你的腦海中。只要你能比別人多花一分鐘想想，很快地你便會驚呼：「我想到了！」

成功就是這麼簡單，很多人之所以無法達成，那是因爲他們面對困難時總是

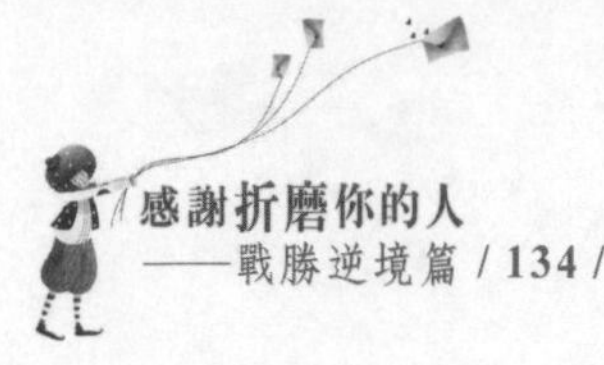

比別人少堅持一分鐘！

瑪莉是一位英國服裝設計師，有一天黃昏，她照慣例來到街頭散步。

忽然，有一群漂亮的女孩子經過她身邊。

瑪莉微笑地看著她們，她們也回應一個笑容後，便開始聊女孩家的心裡話。

其中有個女孩說：「妳們看，現在流行的服裝眞乏味，一點也不好看！」

另一個女孩也呼應說：「是啊！妳看這條破裙子竟然流行到現在，實在很難看，眞想把它剪壞、丟掉。」

瑪莉聽見女孩們的抱怨，不禁感覺十分羞愧，心想：「身爲一個設計師，的確要多一些創新，讓女孩們從服裝上表現出應有的青春活力！」

瑪莉認眞地想了又想，忽然驚呼道：「剪！是啊，如果我把裙子再剪短一些，那不就能充分展現女孩們的美麗身材和青春氣息嗎？」

於是，瑪莉立即停止午後休閒活動，立即奔跑回家，動手製作起她的新設計，

一件被剪短的裙子。

「短裙子」一上市，很快地便銷售一空，後來，人們也正式給予這件裙子一個名字，叫做「迷你裙」。

從此，迷你裙的風采不僅在英國掀起一陣流行，更在世界各地燃燒出一股熱潮，瑪莉也因為這個「剪短的裙子」創意，坐上了流行服裝設計大師的寶座，當然，這個創意發想更為她賺進了千萬的財產。

因為一個剪字，讓瑪莉聯想到了青春活力，因為多一份留意，讓她多思考了一分鐘，也讓她多賺進了一筆非凡財富。

無論你我選擇什麼樣的工作範疇，都要有「比別人多一份心」的態度，因為這是突破工作瓶頸的自勉力量，也是讓我們挖掘成功湧泉的支持力量。

正因為一切力量始終都源自於我們的心，所以，用「心」探尋的瑪莉能聽見女孩們的「心」聲。

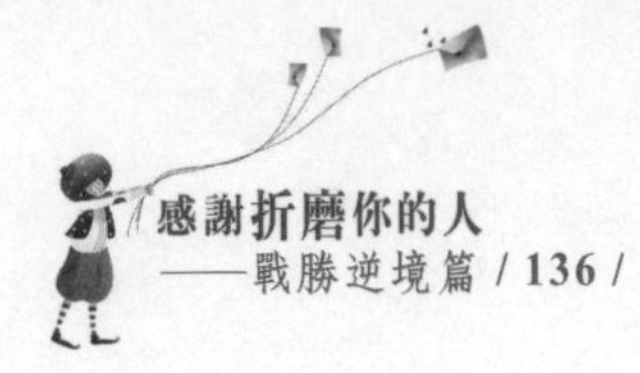

瑪莉的名利雙收，再次地印證了創意人的成功技巧：「只要你能多思考一秒鐘，只要你能多用心一分鐘，那麼你就能看見成功的契機！」

從古至今，這不僅是眾多成功者的共同經驗，也是他們分享成功經驗時的重要體悟。

只要我們能多用一份心，坦然地面對問題與缺失，並積極發現其中缺漏處，那麼，我們不僅能迅速地填補缺漏，更能緊抓住事情發展的重要關鍵，踏入成功的領域。

PART 4

消極訊息會讓人失去活力

面對消極負面的訊息時，
如果我們能用積極正面的態度去解讀，
那麼再多的否定話語，
也無法消滅我們的生命活力。

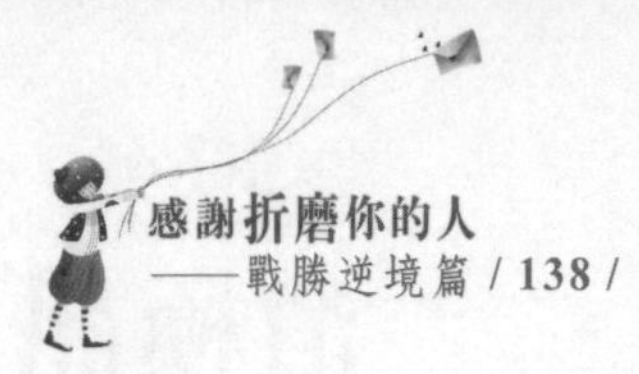

改變思路，才有更好的出路

每個人都有一顆聰明的腦袋，只要我們願意多動動腦，讓思路多轉幾個彎，都能讓自己有更寬闊的出路。

現代人在爲自己爭取權利的時候，已經太習慣用直接批判來爭取，更習慣用高亢情緒來抗爭，然而一如我們常見的情況，或許很快地得到了回應，但最後卻也造成了人與人之間對立與情感的破裂。

蘇聯有句諺語說：「不打碎雞蛋，就做不成蛋糕。」

的確，在人生的旅途中，或許你有很多自認爲非常棒的想法與做法，但是，如果你不懂得因地制宜，不懂得改變思路，那麼，你可能就會被眼前的環境困住，

找不到自己的人生出路。

有一次，詩人但丁出席一場由威尼斯執政官舉行的宴會，會場上的餐點都是由服務生一份又一份地送到參與者的餐桌上。

但很明顯的，這場由官方舉辦的宴會仍然有著階級上的差別待遇，當服務生送來一盤盤魚的時候，但丁發現，在義大利各邦交使節桌上的煎魚又大又肥，而來到自己面前的卻是一隻隻很小很小的魚。

對此，但丁並沒有表示抗議，不過也沒有挾起魚來吃，而是將餐盤裡的小魚一條一條地拿了起來，接著還將它們湊近自己的耳朵，似乎正在聆聽什麼。接著，只見他又將小魚一一放回盤裡，並滿臉肅穆地看著眼前的魚兒們。

這時，執政官看見了但丁的舉動，不禁上前詢問：「你在做什麼？」

但丁大聲地說：「喔，沒什麼，我有位朋友幾年前去逝了，當時我們以海葬的方式送他。因爲我很想念他，不知道他現在的遺體是否還在，所以問問這些小

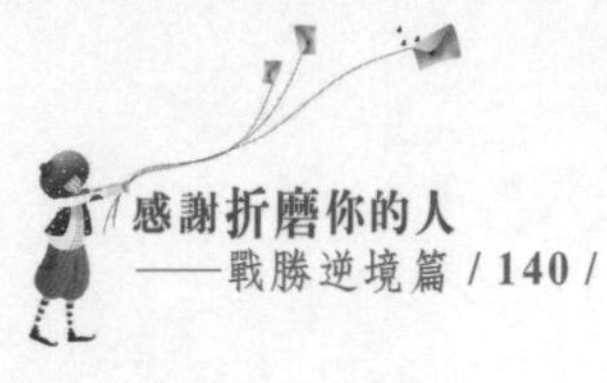

魚們，知不知道他的情況。」

執政官信以爲眞，又繼續追問：「那小魚們說了些什麼？」

但丁說：「嗯，它們說：『我還很小，對過去的事知道不多，你不如向同桌的大魚們打聽一下，也許消息會多一些。』」

執政官聽見但丁說「向同桌的大魚打聽」時，恍然大悟地大笑了一聲，然後說：「是，是，我明白了！」

不久，詩人面前便端上了一條全桌最肥美的煎魚。

莎士比亞曾經這麼說：「想法，在結果顯現以前，只能稱之為夢想。」

不論你擁有再如何好的想法，如果不能根據現實加以修正，那麼這個想法就只是一個無法助你達到目標的夢想。遇到障礙卻不懂得改變思路的人，就像一艘不知道見風轉舵的船，永遠也無法達到目的地。

看著但丁絕妙地用「小魚的經歷」表示抗議，以擬人與隱喻的方式埋怨盤中

的魚太小，輕巧地避開了主辦單位怠慢客人的尷尬，這個充滿幽默感的表現方式，確實讓人會心一笑。

換做是你，面對他人的不合理待遇時，是否會像但丁一般，在表達自己的不滿情緒時，也顧及別人的感受呢？

想避免生活中的衝突與對立，改變待人處事思路是絕對必要的，在強調個性化的時代，不是直言不諱就不會產生誤解，也不是大膽直接就一定能清清楚楚地將問題解決。很多時候，正因爲太過直接，缺乏待人的關懷或體貼，反而會衍生出更多不必要的怨懟與誤會。

但丁的這則軼事告訴我們，其實每個人都有一顆聰明的腦袋，只要我們願意多動動腦，願意讓思路多轉幾個彎，都能想出借用「小魚與大魚的出生經歷」的幽默隱喻，輕輕鬆鬆地搭起人際間的溝通橋樑，開開心心地化解人與人之間的誤解和對立，讓自己有更寬闊的出路。

專心致志才能成就大事

天才本身無異於常人，他們只是比較專心而已；如果你能專心一意去做每一件事，想不成功也難！

一位哲人曾說：「所謂的經驗，不是你或他人曾經發生了什麼事，而是你怎樣看待這些已經發生過的事。」

即使厄運連連，只要你用喜樂的心去看待一切，也能把壞事變好事，人生還是一樣春天滿人間。

著名的小提琴家帕格尼尼是一位音樂天才，從三歲就開始學琴，十二歲就舉辦首場演奏會，少年有成震驚當時的樂壇，然而，大家並不明瞭，這位音樂大才比一般人背負著更多的辛苦。

在帕格尼尼四歲那年，一場急性痲疹和強制昏厥症差點便奪走他的性命；禍不單行，七歲時他又罹患嚴重肺炎，不得不依靠大量放血來治療。從此以後，各種疾病接踵而來，開始他體弱多病的一生。

在他四十六歲那年，牙床上莫名其妙地長滿膿瘡，逼不得已只好拔掉所有牙齒。豈料牙病初癒，又染上可怕的眼疾，幾乎完全失去視力，他的小兒子成了他的枴杖。

平靜的日子沒過幾年，他的身體又開始拉警報。這一次，關節炎、腸道炎、喉結核……等多種疾病同時入侵，瓜分著、呑噬著他的肉體，連聲帶也難逃一劫。

視力不良又無法發聲，他只能利用嘴型表達他的思想，靠兒子替他一點一點記載下來，直到他五十七歲吐血身亡爲止。

帕格尼尼的悅耳琴音曾經遍及法、義、奧、德、英、捷克……等國，精湛的

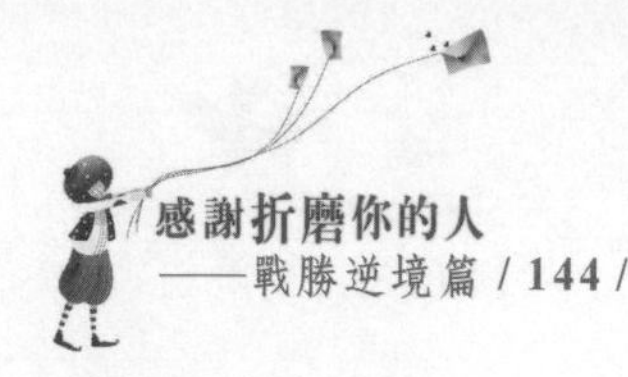

技巧使帕爾瑪首席提琴家羅拉驚爲天人，曾感動得從病榻上一躍而起，肅然而立。

他的琴聲風靡無數的聽衆，幾乎歐洲所有文學藝術大師大仲馬、巴爾札克、蕭邦、司湯達……等人都曾聽過他的演奏，並爲之動容，封他爲共和國首席小提琴家。

帕格尼尼的音樂象徵他的生命，正如歌德評價說：「他能在琴弦上展現火一樣的靈魂。」

而李斯特聽了也激動得大喊：「天啊！這四根琴弦中包含了多少苦難、痛苦和受到殘害的靈魂啊！」

沒有人知道究竟是苦難造就了天才，還是天才註定得承受這些苦難？

有位評論家感歎地說，彌爾頓、貝多芬和帕格尼尼這三個天才，一個是瞎子，一個是聾子，一個是啞吧，卻成就了世界文藝史上的三大傳奇。

如果活在一個殘缺的世界裡，你唯一的寄託只剩下創作，你會不會傾盡全力

去做，還是整天唉聲歎氣等待生命結束？

生活有越多空間，人越容易鬆散或改變。正因爲苦難壓縮了天才的時間和空間，他們的靈感才得以迸出更激烈的火花。

試試蒙蔽自己的五官，當你能正常運作的只剩下腦袋，你毫無疑問會充分地加以運用。

這和「專心致志」的道理是一樣的！天才本身無異於常人，他們只是比較專心而已；如果你能專心一意去做每一件事，想不成功也難！

心態決定一個人最終是成功，還是失敗。

只要是人，都具備忍受不幸、戰勝困境的能力，重點在於你懂不懂心存感激，藉著這些折磨激發出自己的驚人潛力。

唯有將折磨自己的人，當成生命中的貴人，你才能適時扭轉自己的命運。

別人的意見不要照單全收

不要期待人們的指引，因為那是他們所踩踏的路，並不屬於我們，自己的路就在我們自己的腳下。

英國有句諺語說：「處順境時必須謹慎，處困境時必須冷靜。」人在徬徨迷惑的境遇中，最容易懷疑自己存在的價值，正因爲胸臆中充滿懷疑，往往不懂得珍惜自己。

遇到困境時，別再等著人們的關愛眼神，也別再期待人們的明白指引，因爲不管他人怎麼引導，那始終都是別人的人生方向，既不適用，也不可能合乎於我們的未來希望。

有位年輕的戲劇創作者來拜訪契訶夫，從包包裡拿出了一個劇本，接著便對契訶夫說：「我想請您幫一個忙，看看我剛新完成的劇本有沒有什麼問題，或是談談您的意見。」

「好！」契訶夫接過本子認眞地看了起來。

劇中，有一場是寫著女工程師與技術員在辦公室內談話的戲，契訶夫指著這場戲問：「能不能將這場戲改在車房呢？這樣應該會更加精采。」

年輕人一聽，連忙點頭說：「好！」

年輕人掩不住滿臉興奮的神情，只因爲大師當面提出修改意見。契訶夫讀了一會後，又問年輕人：「那讓他們坐在公園裡的長椅上，你認爲可行嗎？」

年輕人仍然說：「行！當然行！」

但是，契訶夫忽然皺了一下眉頭說：「或者改在湖面的小艇上呢？」

年輕人一聽竟高興地跳了起來，連忙說道：「好啊！坐在小艇上更美，我馬

上就改過來。」

這時，契訶夫嚴肅地說：「那麼……不如請你將這場戲全部刪了。」

原本樂不可支的年輕人聽見大師這句話，像似當場被澆了一盆冷水，一時間呆立站在那兒，不知所措。

只見契訶夫搖了搖頭說：「每一場戲都應該是不可移動的組合，就像人的眼睛一般，沒有人能任意挪動；至於你這場戲，既可以改在公園內，又可以改到小艇上，那只說明了一件事，那就是這場戲根本是不必要的。」

年輕人一聽，頓時臉都紅了，羞愧地說：「我明白了！」

後來，在契訶夫的悉心指導下，這位年輕的劇作家終於寫出了一個又一個屬於他自己的成功劇本。

可以聆聽別人的意見，但是，千萬不能照單全收，我們要有自己的思辨能力，在傾聽批評並修正我們的錯誤時，也能發現批評裡的對錯，才不致於錯聽批評，

導致一錯再錯。

記得宗教哲思大家戈齊福曾說：「凡事要以我為中心，而不是以他人為中心。活在他人的期待中，將走不出自己的路。」

換句話說，大多數的人都習慣在「被注意」或「被要求」的狀況中發現或修正自己，只是這一切都是「被動的狀態」，在這樣慣性的被動認知中，我們總是忽略了「自己的感受」，也遺漏了「自己的希望」。

一如故事中的旨意：「你知道你想要的是什麼，然後你才能從我們的看見中，再次看見你真正想要的東西，如果一味地聽從別人的指引，卻不相信自己，那麼你又怎麼可能創造出真正屬於自己的天空呢？」

所以，不要期待人們的指引，因爲那是他們所踩踏的路，並不屬於我們，自己的路就在我們自己的腳下，一抬頭，我們便能看見未來的目標。

現實始終敵不過堅持

人生必需要有一些堅持，對糾正錯誤的堅持、對追求完美的堅持，對人生負責的堅持。

如果你認爲正在做正確的事，就必須忍受過程中的種種折磨。

我們經常看見創作者，因爲太過堅持作品的呈現，或寧願讓一切重新來過，只爲了交出別人一點也看不見污點的作品時，我們確實也看見創作者對自己作品的負責與使命感。

巴爾札克曾經爲《巴黎雜誌》的創刊號寫了一篇短篇小說，但是在交稿前，爲了其中一個人物的名字而苦惱不已，爲了替這個角色取一個恰當的名字，竟想了六個多月都還沒有找到結果。

後來，他寫了封信給戈日朗，約他在次日下午到香榭里舍大街，陪他一起從招牌上找尋「理想的名字」。

第二天下午，忽然下起了綿綿細雨，巴爾札克和戈日朗一前一後，邊走邊看。一個下午，他們走過了一條又一條的街道，但巴爾札克對於戈日朗挑選的名字卻全都拒絕了，這讓戈日朗很生氣。

他忍不住停下了腳步對巴爾札克說：「我拜託你一件事，你一定要答應我走到布洛瓦路就好了，然後，我們就到雅爾第去吃晚餐，好嗎？」

巴爾札克冷冷地看了看朋友一眼，卻沒有答應朋友的請求，逕自繼續前進。忽然，巴爾札克指著路旁一扇歪歪斜斜且窄小破舊的門，並大聲喊道：「有了，戈日朗，你唸唸看啊！」

戈日朗看著破舊的招牌，唸著：「馬卡？」

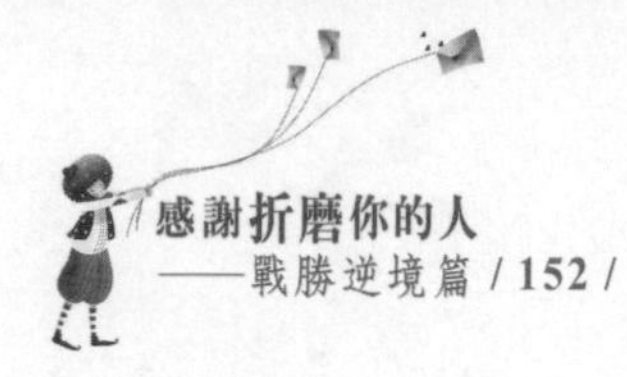

「對！馬卡！」巴爾札克手舞足蹈地重複著「馬卡」這個名字，接著他便拉著戈日朗走進雅爾第飯店裡去，好好地享受一頓。

巴爾札克其實曾有一段艱苦的生活，這也讓他非常在乎稿費的多寡，因爲他接觸到的都是一些法國貴族，難免受到存在於那種社會裡的金錢觀念。

特別是在他負債六萬多法郎以後，對金錢上的渴求更是強烈，有人說，他是爲了儘快擺脫經濟上的困境，所以集中心思和精力完成他的寫作計劃。也曾有人把他視爲一個爲了金錢而寫作的作家，但是這個看法確實有失偏頗，因爲他絕不會爲了金錢，而放棄他在工作上所堅持的嚴謹態度。

就像他準備出版的《人間喜劇》，當時出版商都知道，巴爾札克經常在校對樣稿時做大幅度的修改，所以他們與巴爾札克簽下了一個規定，那便是，每一頁校對修改的費用不得超過五法郎，凡是超過部分都必須由作者自負。每個人都知道，巴爾札克很愛錢，但是這部作品最後卻讓巴爾札克多付出了五千二百二十四法郎的修改費用。

這是巴爾札克創作的堅持，寧願賠錢也不願放棄修正，從中可以看出他的創作態度是嚴肅的。即使故事中曾呈現出他的金錢喜好，但是無論如何，因爲一份對於「創作堅持」的認眞與堅持，讓我們對於巴爾札克的作品，始終都充滿了感動與敬重。

其實，不管外在環境如何現實，大多數的創作者都無懼於現實的考驗，因爲對他們來說，創作的最大樂趣不在於金錢的估價高低，而是他們能否將自己領悟到的生命啓示，正確無誤地表現在自己的作品上。

所以，我們會看見巴爾札克爲人物命名的小心與堅持，也看見像朱銘艱辛卻無悔的雕刻世界，更聽見李安導演辛苦完成後卻又捨棄劇本的經過。

在他們身上我們會發現一個共同的特點，那便是：「人生必需要有一些堅持，對糾正錯誤的堅持、對追求完美的堅持，對人生負責的堅持，這些是成就人生的重要方式，更是讓人生無悔的唯一方法。」

消極訊息會讓人失去活力

面對消極負面的訊息時，如果我們能用積極正面的態度去解讀，那麼再多的否定話語，也無法消滅我們的生命活力。

因爲人的心理容易受煽動，讓許多人無法積極樂觀地面對生活。其實，消極訊息始終不敵積極行動，信心始終執在我們的手心，無論在什麼樣的情況下，無論別人怎麼否定，我們都要給自己多一點自信才是。

站在泰勒面前的海軍上校大約有一百八十五公分，體重大約也有一百四十公

斤，以這樣的體型與重量來看，他確實像個舉重運動員。

泰勒從聽眾席中挑選出一位志願者，並準備從志願者身上的肌肉變化，來解釋人們在活動時，身體將產生的影響與變化。

泰勒先是向聽眾解釋：「一般來說，人體的活力會受到外在各式各樣的影響，但是，無論我們產生了什麼樣的變化，有個情況是永遠不變的，那便是『只要你活著就一定會有活力』，無論是食物的享受或是衣飾變化上的感受，甚至是音樂藝術或詩歌閱讀，都是用來豐富生命情感，增加生命活力，但是無論如何，你的活力和信心，始終得靠你自己催生與刺激。」

泰勒解說完畢，接著便走到滿臉疑惑的上校身邊。然後，他對著上校說：「請舉起您的左手，與肩平行，舉穩了，千萬別動。」接著，他轉身對觀眾說：「上校平舉的模樣，似乎可以掛吊一個人，不過，等一下我會用一個『消極的念頭』來降低他的手臂力量！」

台下觀眾聽見泰勒這麼有自信地說著，不禁露出懷疑的眼神，連上校也輕蔑地一笑。

只見泰勒先是緊緊地抓著上校的手臂，接著對他說：「上校，我們毫無疑問地認定，您是位令人敬重的軍人，而我們從您的領導之上看見了堅定的意志與絕不動搖的毅力。」

泰勒說完這段正面且積極的肯定話語後，便試著將上校的胳膊往下拉，企圖讓上校的手臂鬆落，但無論怎麼用力，就是無法讓上校的手臂「放下」。這讓上校十分開心，只見他驕傲地對泰勒說：「很辛苦吧！」

對於上校的嘲諷，泰勒沒有任何表示，但是接下來，他卻用一種十分嚴肅的口氣地說：「但是，上校，科學家們曾經研究發現一件事，他們指出，大多數軍人的智力普遍低於一般人！」

上校聽見泰勒竟然嘲笑他，臉上立即堆滿了不悅，這時泰勒再用相同的力量將上校的手臂往下壓。

這一次，泰勒竟然成功了，一瞬間他便把上校的手拉了下來，這讓現場觀眾看得目瞪口呆。

接下來，在「正面肯定」與「消極否定」之間，泰勒又反覆地測試了好幾次，

甚至還請了不同的觀衆上台試驗，結果全都一樣！最後，泰勒總結說：「不知道大家在這堂課中獲得了多少，但有一件事大家應該都看得很清楚，那便是，消極的訊息會消減我們的活力，是吧？」

從泰勒的實驗中，我們看見了「消極」與「積極」訊息的影響，因爲肯定的讚揚，而產生了堅毅的自信；反之，因爲消極訊息而致的消極心理，讓上校在心中產生了負面影響，進而讓自己失去了信心。

整理一下泰勒的實驗結論，我們可以這麼說：「問題不是在別人說了什麼話，重要的是當我們聽見這些訊息時，該怎麼解讀或消化。」

其實，生命的活力只存在我們身上，要讓它展現或隱藏，也存乎我們的一念之間。就像故事中的上校，面對消極負面的訊息時，如果我們能用積極正面的態度解讀，相信「努力」定能戰勝「智力」，那麼再多的否定也無法消滅我們的生命活力，更無法削弱我們追求成功的企圖心與信心。

個人信用一旦喪失便很難重建

對大多數人來說「失信等於欺騙」，所以當人們被欺騙過一次之後，心中留下的傷疤，恐怕很難在短時間內得到平撫。

人無信而不立，凡事我們不僅要謹言慎行，更要力求盡心負責，一旦失信，我們非但無法面對他人，更無法面對自己。

個人信用一旦喪失，想要再贏回人們的肯定，確實不是件容易的事，所以人們常說，守信是人生的第一要件。

曼迪諾在創作《矢志不渝》這本書的時候，由於截稿日期迫在眉睫，只好僱請一位助手來幫忙處理文稿，後來他找到普勞密斯先生過來幫忙。

曼迪諾把自己錄製好的錄音帶交給普勞密斯先，並對他說：「我已經把這本書的基本內容全錄了下來，請你一邊聆聽，一邊仔細地將錄音帶裡的文字一一謄寫下來，這裡有張進度表，請你務必準時完成。」

普勞密斯先生點了點頭說：「沒問題。」

普勞密斯先生果眞按照約定，在二個星期之後，準時地將稿件交給曼迪諾。曼迪諾將稿件仔細地看了看，很滿意地點了點頭：「很好，您的試用期已經過了，接下來我將安排更重要的任務給你。」

但是，沒想到就在一切進入軌道之後，普勞密斯竟開始出現惰性了。

一開始，他確實都能謹守承諾與工作時間，但過了幾天之後，曼迪諾卻發現，他的工作態度越來越糟，不僅工作進度越來越落後，甚至連已經完成的稿件也紛紛出現了問題。

每次曼迪諾去找他時，他都說工作已經完成了百分之九十，然而曼迪諾第二

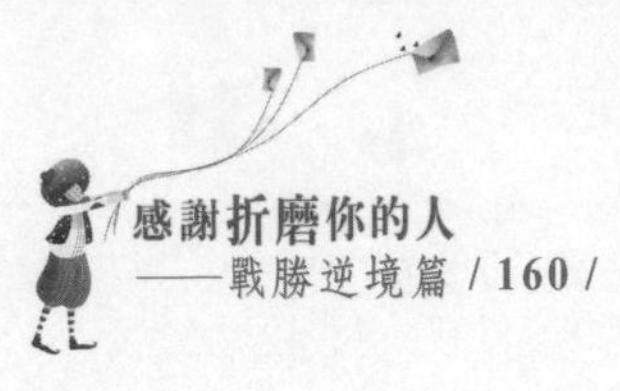

天去找他時，他還是說：「工作已經完成了百分之九十！」

當曼迪諾看著已完成的稿件，竟落了好多段落，甚至連排印都錯誤百出，感到非常生氣，這讓他承擔了更多的責任與麻煩。在完全失望中，曼迪諾支付了普勞密斯先生部份應得的薪水後，便請他走人了。

一年後，曼迪諾獲得了一份與政府合作的新合約，這次他依然需要許多位幫忙謄寫的助手，於是他依照合約協定，在當地的報紙上刊登了一個廣告：「敬邀專業謄寫員來競標！」

不久，曼迪諾接到了一位男子的來電，竟是普勞密斯先生。他在電話裡再三地對曼迪諾說抱歉，並且一再保證：「這一次我一定會做得很好！」

「您願意再給我一次機會嗎？」普勞密斯在電話的那頭謙卑地問著。

曼迪諾只輕輕地說：「很高興你已經自省了，但很對不起，我還是想把這個機會讓給其他人。」

看見普勞密斯開始出現怠惰的工作態度時，我們其實也可以很直接地點明，那正是他的生活態度，雖然他能隱藏一時，卻無法永遠隱匿，因爲生活態度永遠是眞實也是最現實的。

因此，曾經言而無信的人，想在人們心中重建形象是件十分困難的事。對大多數人來說「失信等於欺騙」，當人們被欺騙過一次之後，心中留下的傷疤，恐怕很難在短時間內得到平撫。

能堅守信用便能取信於人，因爲能取信於人，我們便能得到人們的肯定與支持，所以古有云：「信義是立業之本。」

在充滿問心有愧的氣氛中，我們又如何能積極前進呢？

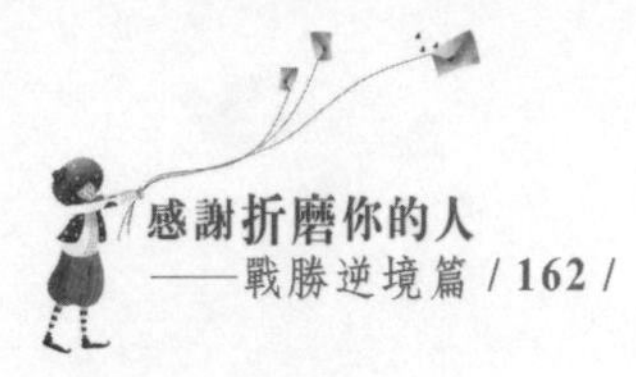

沒有人躲得過良心的懲罰

你是否也曾有過「明知犯錯卻不敢面對」的情況？當事情過後，你是否真的能在時移事易之後，忘了昨日之非呢？

有位作家曾經寫道：「人生，其實就是人不斷選擇的歷程，抉擇構成了每個人的人生面貌。」

只要是抉擇就會有對有錯，重點在於我們如何面對錯誤的抉擇。想要忘記昨天曾經犯下的錯誤，確實不是件容易的事，因為錯誤已經發生，傷害也已經造成，如果我們還無法面對並勇敢承擔，那麼這樣的人恐怕無法成為有肩膀的人，讓人相信依靠。

出生在窮困人家中的盧梭，在很小的時候便出外謀生，幫忙分擔家計，他的第一份工作是在一位伯爵家中當小佣人。

有一天，盧梭看見伯爵家的一個侍女，手上拿著一條很漂亮的小絲帶，他越看越喜歡，最後竟然還趁著人們沒注意時，偷偷地將侍女擺放在床頭上的小絲帶拿走，並獨自一人跑到後院裡把玩起來。

就在這時候，有個僕人正巧從他身後走過，而且還發現盧梭手上的小絲帶，便立刻向伯爵告狀。

伯爵聽說盧梭偷東西，十分生氣，立即將他叫到身旁，厲聲追問：「你手中的小絲帶從哪拿的？」

盧梭從未見過伯爵這麼生氣，害怕得一個字也說不出口。

接著，他又想到：「如果我承認小絲帶是我拿的，那我一定會被伯爵掃地出門，而且有這個紀錄之後，我以後恐怕很難想再找到工作了。」

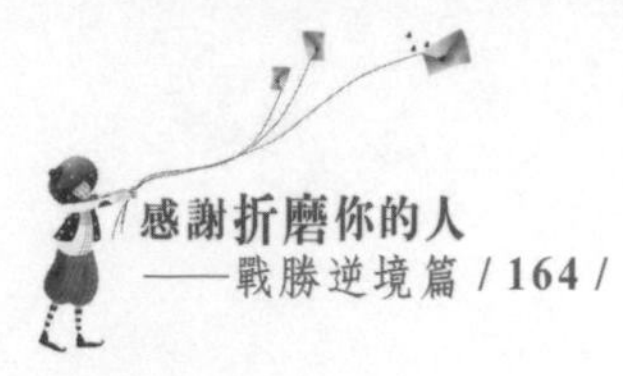

盧梭邊想邊計謀著，最後竟編了一個謊言，說道：「小絲帶是廚房的瑪麗安小姐偷給我的。」

伯爵半信半疑地叫瑪麗安出來與盧梭對質，然而善良又老實的瑪麗安一聽到被栽贓，頓時愣住了，只見她邊著流淚邊說：「不是我，絕不是我！」

但是，盧梭卻緊緊地咬住瑪麗安，甚至還把所謂的「事發經過」捏造得有聲有色，讓人很難不懷疑這件事的始作俑者根本就是瑪麗安。

看見兩個人互相推卸，不承認犯錯，伯爵十分光火，忽然怒喝一聲：「你們兩個現在馬上給我離開伯爵府！」

就這樣，盧梭與無辜的瑪麗安同時都被解僱了，當他們走出門口前，有位長工對他們說：「我知道，在你們之中一定有一個人是無辜的，而說謊的人接下來則一定會受到良心的懲罰！」

果然，這件事讓盧梭痛苦了一輩子，直到四十年後，他才在自傳《懺悔錄》中表示懺悔：「殘酷的回憶經常擾得我輾轉難眠，每當我苦惱得睡不著覺時，恍惚間，我便會看見那個可憐的女孩來譴責我的罪行……這個沉重的負擔長年壓在

我的良心上，所以我決心寫這部充滿懺悔的自傳。」

你是否也曾有過「明知犯錯卻不敢面對」的情況？當事情過後，你是否眞的能在時移事易之後，忘了昨日之非呢？

很難吧！就像故事中的盧梭，因爲一己之失，而造成別人也無辜波及、傷害時，無論我們是否躲不躲得過譴責，相信稍有自省能力的人，如果沒有坦白出來，終將在自省後的「自責」中辛苦生活。

人難免有錯，錯了就要勇於承擔，因爲當我們勇於面對，決心負責時，也等於彌補了錯誤中的缺失，更幫我們塡補了處事時的漏失，以及我們性格、品德上的缺陷。

所以，要求別人原諒我們時，不如先要求我們自己要勇於面對與悔省，告訴自己：「我們不是完人，難免會有犯錯的時候，要勇於面對，因為我們躲不過心底良知的懲罰，坦然面對生活中的一切，唯有如此，我們才能正大光明地前進。」

樂觀是生活能量的重要來源

當我們告訴自己「今天會是最棒的一天」的時候，我們確實也輕鬆地預見一個樂觀自信的明天！

拿破崙曾經說：「逆境，這兩個字只不過是那些沒有勇氣改變現狀的人，製造出來的『護身符』而已。」

的確，懦夫把困難當做沈重包袱，勇者把困難當做衝出逆境的力量。面對困境，樂觀的人心中會不斷地激起充沛的活力，因爲他們知道：「積極樂觀是我們應有的人生態度，即使負面訊息傳來，我們也能用積極的行動力來扭轉這一切。」

在前往工作的路上，阿正今天的情緒不錯，或許是因爲一大早起來便聽見窗口雀鳥的歌聲，也或許是因爲昨天他成交了一筆大生意，一想到小周末可以收到一筆收入，所以心情愉快。

「當然，我所擁有的這一切，全都要歸功於這個幸福家庭，我的妻子，我的孩子們。」阿正在車上幸福地想著。

「嗶……」忽然，交警的哨子聲響起，阿正被交通警察攔阻了下來，接著還給了他一張罰單。

阿正看著罰單，笑著想：「嗯，還好警察先生把我攔阻了下來，不然我闖過這個紅燈之後，會發生什麼事都不知道。」

阿正以感激的心情來面對這張罰單，但是禍不單行，就在車行之後，他的車子忽然爆胎了，不得已只好停靠在路邊，這一耽誤卻是三十五分鐘，上班時間肯定要遲到了。

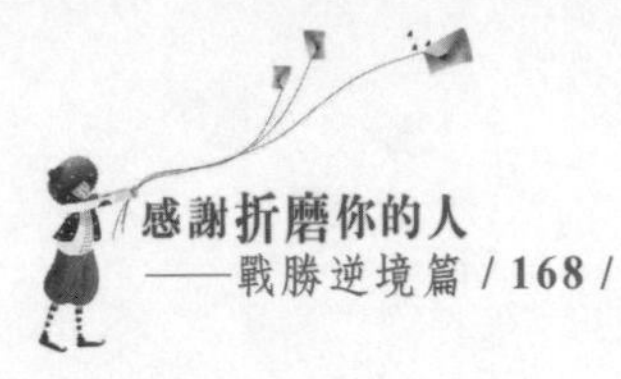

一進公司，阿正還來不及打卡，便被經理叫去了：「阿正，昨天你談妥的那位顧客恐怕必須退回，因爲他的資格不符規定。」

阿正一聽，先是呆住了半晌，接著卻是微微一笑：「好，我知道了，今天我會把他處理好，並再找一位信用可靠的新顧客。」

此刻，在阿正的心中正想著：「人生就是這樣，一件又一件地發生，而我便要一件又一件地解決，不是嗎？也許，別人會認爲，今天是我最倒楣的一天，但是那又怎麼樣？經理是否會幫我解決其他問題，我認爲那並不重要，今天的業績是否會超越昨天，也不是最重要的。因爲，最重要的是我覺得今天會是最棒的一天！」

在一般的心理暗示活動裡，我們不難發現，在負面訊息的刺激下，人很容易陷入悲觀消極的氛圍中，即使外面的陽光非常燦亮，只要有人說出「就快下雨了」的訊息時，很多人都會憂心地在手上多加了一把傘。

多數人很容易受到外在環境的影響，樂觀心理總是少之又少，當相似於阿正的情況也發生在你我身上時，有多少人能像主角般樂觀地告訴自己：「今天仍是我最快樂的一天！」

當阿正告訴自己「今天會是最棒的一天」的時候，我們確實也輕鬆地預見了，阿正將會有一個樂觀自信的明天。

儘管今天衰事連連，但對阿正來說，那就像是股市高漲後的正常跌落、盤整，只要先前的投資消化完畢後，接下來的人生，自然能再創新高。

與其斤斤計較，不如大方分享

計較是一把傷人的刀，一吋一吋切割著別人，也切割著自己，到最後心眼兒也變得非常小，世界更是越來越狹隘。

英國哲學家羅素曾說：「一個人越沒有理性，越是察覺不出傷害了別人為什麼也是傷害了自己，因為計較和嫉妒的心理蒙蔽了他的眼睛。」

人與人之間，真誠、不計較的分享，是最美麗的。我們常會覺得某些人很好相處，其中一項特質就是懂得分享；分享的東西不一定是物質，有時分享彼此的價值觀，有時分享自娛娛人的快樂，情感交流都是因爲分享而產生。

如果不懂得分享，只會斤斤計較，結局就會像以下故事中的愚夫愚婦。

有對夫妻平時就很小氣，有天晚上丈夫從外頭買了三張餅回來充當晚餐。妻子吃了一塊，丈夫也吃了一塊，最後爲了剩下的一塊該歸誰的肚皮管轄而爭執不下。於是，丈夫想出一個辦法，對妻子說：「我們來比賽，接下來誰先說話，誰就輸了，餅歸贏的人吃。」

妻子點頭表示同意。比賽開始了，滴答滴答，時間分秒地溜走。過了一個小時，兩人依舊大眼瞪小眼，抿緊的嘴像化石般動也不動。

又過了十八分鐘，突然陽台傳來碰的一聲，接著大門讓人打開了，只見一個小偷闖了進來，只是夫妻倆誰也不說話。小偷一進來，看到裡頭有人，起初有點驚愕，但隨即發覺這兩個古怪的夫妻似乎有些古怪，好像讓人點了穴似的，見到小偷也不叫，便大膽地拿著袋子到處翻搜東西。

經過妻子身邊時，小偷突然起了輕薄的念頭，淫邪地笑了起來，用手撫摸著她的臉頰、脖子，一直要往下面探……「哎喲！妳這死婆娘！」小偷痛得大叫。

原來是妻子惡狠狠地咬了小偷一口，接著妻子就對丈夫破口大罵：「你這沒良心的！爲了一塊餅，眼睜睜看我讓人欺負！」

「呼！」丈夫鬆了口氣，臉上露出賊兮兮的笑容說：「我就知道一定是妳先開口，現在餅歸我的了！」

如果第三張餅夫妻一人一半，不就什麼事也沒有了嗎？可是，這對夫妻卻爲了獨享整張餅而鬧得不可開支，差點鬧出禍事。

計較是一把傷人的刀，一吋一吋切割著別人，也切割著自己，到最後讓自己面目全非，心眼也變得非常小，世界更是越來越狹隘，越來越難以呼吸喘息了。

每個人心底都要留有一處眞誠愛人與樂於分享的地方。因小失大的人得到了財富，卻失去健康；得到了財產，卻失去手足；得到了權力，卻失去誠信。爭得了一時，爭得了一世嗎？

試著將自己所有與周遭人共享，懂得分享，才能享受生命。

PART 5

巧妙出擊
就能輕鬆解決難題

不必擔心問題叢生，
只要微笑面對，
我們就能發現解決的方法，
輕鬆自信地渡過一個又一個難關！

知道自己在做什麼最重要

只要明確知道自己在做什麼，那麼無論最終得到的是褒或貶，我們都無須太過在意。

你還在等待別人點頭肯定嗎？

你還在等候人們發出支持之聲嗎？

但是當你眞正等到這些回應時，它們能爲你帶來多少自信，即使眞的增強了你當下的信心，又能持續多久呢？

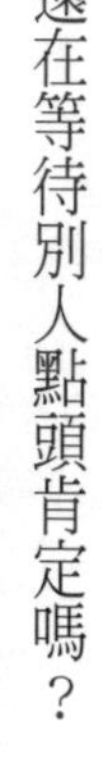

關於苦候不到的肯定、等待不到的支持、人們的質疑或否定，我們其實不必太過在意，因爲自己的價值就在你我的心中，只要能坦然地面對生活中的一切，

只要我們知道自己在做什麼，那便足夠了！

在牛津與劍橋這兩所著名的大學中，皆有一個以「伊沙克·沃夫森」爲名的學院，這是一位猶太人的名字。

被譽爲當代最慷慨的慈善家伊沙克·沃夫森，是一位蘇格蘭籍的猶太人，也是英國最大的百貨公司——大宇宙百貨公司的總裁。此外，他還擁有約三千多家的零售商店，經營觸角更是涉及銀行、保險、房地產業……等等，甚至連水陸交通運輸業，他也都積極參與投資。

一九五五年，沃夫森決定用自己的名字，設立一個慈善基金會，雖然他沒有設定援助的對象，但是成立後近二十多年的時間，主要資助的對象都是一些教育機構，總資助額約有四千五百萬美元。

正因爲他的慷慨捐助，許多大學院校都特別頒發給他一份榮譽學位證書。但是，單純地領取這些證書的沃夫森，卻常被人質問他的捐錢企圖。

有人質問他的朋友：「沃夫森這傢伙，既是皇家外科醫師會的會員，又是皇家內科醫師學會的會員，其他像是什麼牛津大學的教會法規博士的頭銜，同時又有劍橋大學的法學博士學位，他的學歷證明還眞是多啊！但是，他拿那麼多的大學博士學位有什麼用，他做了哪些事得到這些資格呢？」

友人笑笑地說：「他是個很會寫東西的人。」

質問者一聽，吃驚地問：「寫東西？他寫了些什麼作品啊？」

友人點了點頭，接著用十分堅定的語氣說：「支票！」

只要明確知道自己在做什麼，那麼無論最終得到的是褒或貶，我們都無須太過在意，就像故事中被質疑的沃夫森一般，對於人們的嘲弄一笑置之。

「何必在意別人怎麼看？你只需知道自己在做什麼就好！」這是沃夫森在故事所欲傳達的旨意，在坐擁名利的同時，他知道自己求得問心無愧。

落實這樣的態度於生活之中，每當受盡人們嘲笑或反對的時候，我們首先要

做的，不是停止行動，而是仔細問一問自己：「你是否知道自己在做什麼？又是否能坦然面對眼前的質疑與困擾？」

只要答案是肯定的，那麼我們當然要更加積極地前進，因爲那是我們肯定自己的重要來源，也是支持我們尋找眞正自我價值的依據。

至於，要到什麼時候才能得到社會的認可，我們何須著急？應當像沃夫森一樣瀟灑地面對，明白自我認同的重要。

因爲，在這之後，我們自己就能展現出個人的非凡價值，而人們的肯定目光也自然要被吸引過來。

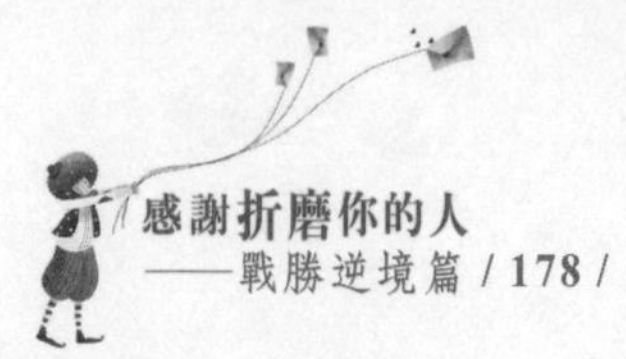

有遠見，更要有挑戰的勇氣

懂得立即付諸行動的人，即使頻頻跌跤，他們卻從每一次跌跤的角度中，擁有越來越多的新視野！

只有遠見是不夠的，若是缺乏行動的勇氣，無論你規劃出多麼好的美麗願景，還是徒留一場空。

如果美麗的夢想沒有勇氣加以落實，一味地擺在腦海中空轉，那麼，它終將成爲重複的惡夢！

庫克旅遊公司約有五百個辦事處分佈在世界各地，每年都會有近一千萬名旅客請他們代辦旅遊事務。

之所以會有如此龐大的客源，全賴庫克本人將總公司由倫敦遷到美國的勇氣與遠見；其後的繼承人也發揮了這項冒險勇氣，讓庫克旅遊的行程都充滿了創意與趣味。

像是著名的百慕達蜜月行程，或是到巴峇島觀光等行程，都是他們精心尋找與規劃出來的創意行程。

庫克公司一旦有了新規劃，對於這些新組成的特殊旅行團，都打出了這樣一個口號——我們不只是帶你們去賞玩山水，更要讓你們從世界不同的角落中，探索更新的事物！

每當老庫克回想起過去奮鬥的經歷，都會給新進員工一些忠告：「你們要做旅行業的先鋒！」

是什麼樣的過去，讓他有這份信心與勇氣？

原來，當年他決定將總公司遷到美國時，他的親友們個個都提出反對意見，

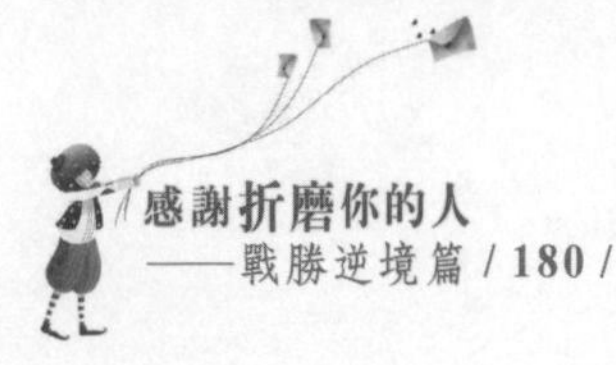

連一向支持他的妻子都說：「你是土生土長的英國人，而且想發展旅遊事業，倫敦的條件比任何地方都好啊！」

「不，這是一個新興的行業，需要充滿朝氣的環境才能成長，我認爲到新興的美國發展，會比待在保守的英國來得更具發展性。」庫克堅決地說。

庫克太太只得無奈地說：「但是，你有必要將總公司遷到美國去嗎？在那裡你可以設立一個分公司就好，不是嗎？」

庫克搖了搖頭，分析說：「那意義完全不同，我們在倫敦已經有了基礎，在這裡每個人都知道庫克公司的名聲，但是，在美國卻要從頭開始。在美國，我們展望的是全世界，必須投入全部的人力與財力啊！不然怎麼競爭得過當地的旅行業呢？」

因爲能果決明確地下決定，讓老庫克在最精華的人生階段光芒四射，也因爲抱持著強烈的成功企圖，讓老庫克及繼承人都充滿了積極突破的決心。

霍爾是波斯帝國的太子，有一年，他率兵遠征，不幸被阿拉伯的士兵俘虜，當士兵們將他押解到國王的面前時，國王便立即下令處斬這個王子。

在刑場上，霍爾向國王請求：「主宰一切的國王啊！我現在口渴得十分難受，您胸懷大度，能不能讓您的俘虜喝足了水後再處死啊？」

國王點了點頭答應，示意侍衛端一碗水給他。霍爾接過水後，立即將碗湊到嘴邊作勢要喝。

但是他只將碗放在嘴邊，卻沒有飲用，反而以十分驚恐的眼神環顧四周。準備行刑的士兵怒斥道：「你爲什麼不喝？」

只見霍爾竟渾身發抖起來，接著還以十分驚懼的聲音說：「我聽說……我聽說，你們這些人非常兇殘且不懂天理，我擔心當我正在品味這碗最後的清水時，會有人舉刀殺死我。」

國王聽見霍爾的擔心後，立即安慰他說：「你放心吧！沒有人會動你。」

霍爾一聽，連忙請求道：「眞的嗎？國王您能不能給我一個保證，讓我安心地品嚐這碗水？」

阿拉伯國王舉起了手，說：「我以眞主的名義發誓，在你沒喝下這碗水之前，沒有人能傷害你。」

沒想到國王一說完，霍爾竟毫不遲疑地將這碗水潑灑到地上。

「混帳！你這什麼態度啊！我好心給你喝水，你竟然不領情，來人啊，立即將他推出斬首！」國王厲聲喝道。

這時，霍爾竟平心靜氣地問國王：「等等，國王陛下，您剛才不是莊嚴地向眞主發誓，要保證不會讓我受到傷害嗎？」

國王聽了，大聲地解釋道：「我只是保證，在你沒喝下那碗水之前，誰也不能傷害你！」

這時，聰明的霍爾滿臉微笑地說：「陛下您說的沒錯，那麼您也看見了，我並沒喝下『這碗水』啊！而且我再也喝不到『這碗水』了，因爲它已經滋潤了您的土地，所以陛下要履行您身爲君王的誓言啊！」

國王一聽，這才恍然大悟自己上當了，最後只好釋放霍爾。

冷靜與機智是求生的兩大支柱，就像故事中的霍爾，如果他無法冷靜情緒，恐怕很難表現出如此聰穎的機智，相對的，即使能冷靜情緒，但累積的智慧卻不足，恐怕也無法營造出化險爲夷的結局。

冷靜與機智的養成必須雙管齊下，培養靈活的解決應變能力之外，更要建立起對自己處事能力的自信，然後才能在冷靜、機智的絕佳狀態中，輕鬆地解決人們認爲已經回天乏術的難題。

能不能扭轉劣勢，在於我們的心中是否有改變的實力與勇氣。未來是生機無限還是一片灰暗，決定權從來都在我們的手中，只要我們能保持冷靜，相信自己的處事智慧，那麼最後的結果終將超乎人們的想像與預言。

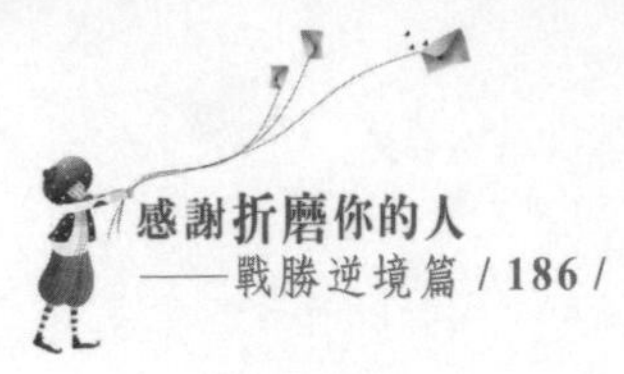

巧妙出擊就能輕鬆解決難題

不必擔心問題叢生，只要微笑面對，我們就能發現解決的方法，輕鬆自信地渡過一個又一個難關！

當我們處於不利的形勢或被動的局面時，只要能巧妙地擊，搶得解決問題的主導權，不僅能反敗為勝，更能在事情圓滿落幕後，輕鬆坐上成功的寶座。

阿桑是個伊朗人，為人開朗厚道且樂於助人，由於他頗有積蓄，所以經常有人想向他借錢。

這天，有位經營服飾業的朋友來訪，阿桑熱情地招待。但過了一會兒，友人卻愁眉苦臉了起來，阿桑便問：「加伊啊，你怎麼滿臉愁容啊？」

加伊嘆了口氣說：「唉，現在生意難做啊！像現在，明明有一個現成的生意，可我卻沒有本錢投資。」

阿桑關心地問：「喔，那你缺多少錢？」

加伊說：「如果有二千金幣就夠了，我說阿桑，你能不能幫幫我啊？」

重情義的阿桑二話不說，立即說：「沒問題。」

於是，兩個人立即寫下了借據，加伊感動地說完謝意與歸還日期後，拿著錢便離開了。過了幾天，阿桑的妻子問起了這件借錢之事，並向阿桑要借據來看看，誰知阿桑竟將借據給弄丟了。

「啊！借據不見了。」阿桑緊張地向妻子說。

這時，妻子連忙提醒他：「沒有了借據，加伊恐怕會把錢賴掉啊！」

著急的阿桑一聽，立即去找友人納斯丁想辦法，納斯丁追問：「你們簽寫借據時，有沒有其他人在場？」

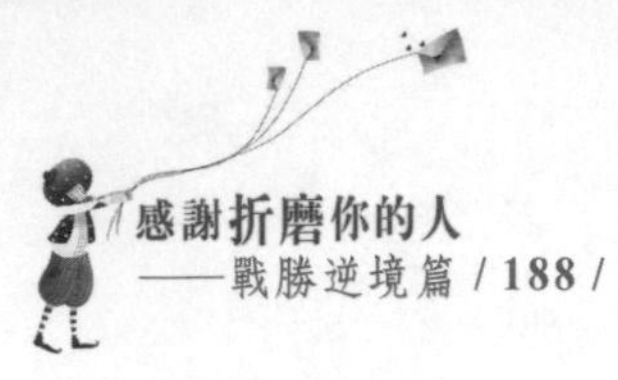

阿桑搖了搖頭：「沒有啊，就只有我們兩個人。」

「那期限多久？」納斯丁又問。

只見阿桑伸出一個食指說：「一年。」

納斯丁想了一會兒，忽然說：「有了，你馬上寫封信給他，並催促他儘快還你二千五百金幣。」

但是，老實的阿桑卻說：「不對啊！我只借他二千金幣。」

納斯丁笑著說：「你這麼寫就是了，因爲他一定會回信提醒你，他只向你借『二千金幣』啊！」

阿桑明白地點了點頭，立即寫信去給這個商人朋友，果然，三天後，加伊回信寫道：「我只向你借二千金幣啊！而且當時言明一年後才還，你別擔心，我一定會還給你的。」

這封回信，便成了阿桑新的「借款證明」。

一個小小的變通，讓老實的阿桑重新得到一份借款證明，也讓他原本可能失去的財富，再又失而復得。

故事中沒有誇張的解決技巧，只是簡單地寫一封信，然而從阿桑夫妻倆的著急緊張和納斯丁的沉著冷靜，我們不難領悟出一個宗旨：「發生問題時請先冷靜，然後再慢慢地思考出最好的解決辦法。」

其實，發生問題時，我們無法預料會出現哪些狀況，但是處理問題時，我們可以要求自己，一定要從事情的不同角度中探尋，並多元地找出任何可能解決的方案，力求能圓滿解決。

生活中，我們一定會與麻煩相遇，也一定會和困難過招，因爲它們都是我們人生歷程中的一部份。

從這則簡單的故事中，我們也省悟出一個生活重點：不必擔心問題叢生，只要微笑面對，我們就能發現解決的方法；不必害怕困難出現，只要微笑面對，就能輕鬆自信地渡過一個又一個難關！

聽懂言外之意才能搶得先機

聽懂弦外之音也是人際溝通中的一環，不僅有助於人際關係的建立，更能讓我們比別人早一步搶得先機。

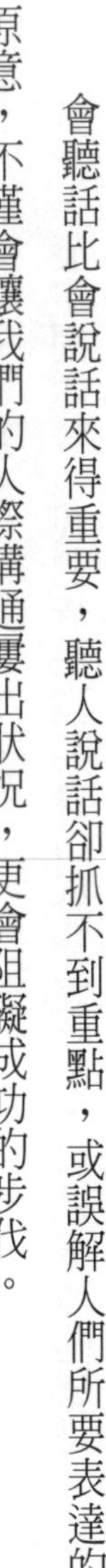

會聽話比會說話來得重要，聽人說話卻抓不到重點，或誤解人們所要表達的原意，不僅會讓我們的人際溝通屢出狀況，更會阻礙成功的步伐。

有個老猶太人爲了完成兒子的夢想，便支持他遠離家鄉到耶路撒冷求學。但很不幸的是，就在兒子離開故鄉不久，這位體貼的老爸爸突然身染重病，就快不

行了。

清楚自己病情的老爸爸，自知無法見兒子最後一面，於是立即寫了一份遺囑，上面則清楚寫著：「家中財產全都給奴隸阿德，至於我的孩子，就讓他從這些財產中選擇一件，切記，只能要求一件。」

猶太父親死後，奴隸阿德非常開心，因爲老主人臨死前，竟然讓他擁有這麼多的財富，而他也爲了能儘快將事情解決以好好地享受，於是連夜趕往耶路撒冷，向死者的兒子報喪，並遞交這份遺囑讓他知道情況。

當男孩仔細看完了遺囑後，十分震驚，實在不敢相信，那麼疼愛他的父親怎麼會這樣處理家產。面對父喪與對遺囑的失望，一時間他竟失去了方向：「我什麼都沒了，未來該怎麼辦？」

心中充滿矛盾與痛苦的他，便來到老師家中，向導師吐露心中的煩悶。

然而，當老師聽完他的情況後，卻對他說：「嗯，從遺書上來看，你父親的確很賢明，而且十分疼愛你。」

但這個孩子卻忿忿不平地說：「是嗎？一個把財產全送給奴隸的人，對兒子

怎麼會有關愛之情呢？」

老師搖搖頭，「孩子，你應該再想一想，只要你能明白你父親的心意，那麼你將會發現，他可是留下了一筆可觀的財產給你啊！」

男孩仔細地聽著老師的開導，卻仍然一臉茫然。於是，老師只得明確解說：「你想想看，當你父親知道自己活不久時，必然擔心在他死後，奴隸可能會帶著財產逃走，甚至連喪事也不通知你。因此，他只得在遺囑上明白寫著要將財產送給他。如此一來，他不僅會好好地保管這些財產，而且會儘快將這件不幸的消息通知你。」

男孩不解地問：「那又怎麼樣？」

老師搖了搖頭說：「動動腦啊！奴隸不是你家財產的一部份嗎？你父親不是說，你可以要求索取其中一件財產嗎？如果你選擇奴隸，財產不是又回到你手中了嗎？這不正是充滿智慧的父親對你細心呵護的表現？」

聰明的父親將兒子的權利藏在遺囑中，若不是老師的冷靜分析，男孩恐怕無法發現其中的「弦外之音」。

運用巧思保護兒子，正是這個猶太父親人生睿智的累積。對照兒子聽聞時的誤解與不滿，我們也看見了自己處事的盲點，我們經常只關照自己的一時情緒，卻忘了考量對方之所以如此處置的理由。一旦別人的表現未如預期，便直斥其中的不是，總是忘了替對方想想，其中或者另有隱情。

我們都熟悉「意在言外」的技巧，卻經常忽略別人運用的可能；我們與人溝通時，經常忽略了人們的用意，錯將體貼迂迴的溝通視爲敵意，進而造成日後溝通的瓶頸。

想學習弦外之音的隱藏計巧，不如學會分辨人們話語中的眞正意思，就像故事中的男孩，若不是老師提醒，恐怕要失去父親留給他的一切財富。

聽懂弦外之音也是人際溝通中的一環，不僅有助於人際關係的建立，更重要的是，因爲能聽懂人言，並讀出對方話裡的言外之意，能讓我們比別人早一步搶得先機。

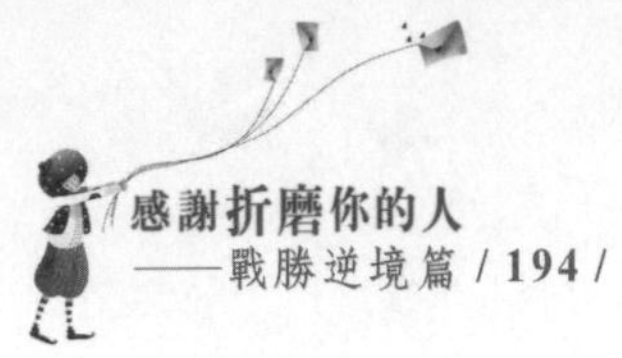

越沒有漏洞，越容易成功

不是完全專注於一件事物上就能獲得成功，因為每個人的思考或視線都一定會有盲點或死角。

不論一張網子怎麼編織，始終都有漏洞，只是洞的大小不同罷了。

就像生活中，不論我們怎麼小心謹慎，也難免會有看走眼的時候。只是，不管事情後續怎麼演變，最後我們都要積極負起補救的責任。

有個形跡可疑的人開著車來到邊境，哨兵見狀立即迎上前去，其中一名哨兵

在檢查行李廂時，發現有六個接縫處鼓得緊繃繃的大袋子。

哨兵立即斥聲問道：「裡面裝了什麼東西？」

「泥土。」司機答道。

「把袋子拿下來，我要檢查。」哨兵大聲命令著。

這個人便乖乖地將袋子全搬了出來，果真袋子裡面除了泥土之外，就沒有發現其他可疑的東西了。

雖然哨兵心中存疑，但是，在找不到證據的情況下，只好讓他通行。

一個星期後，這個人又開著另一輛車來到了邊界，同一名哨兵再次上車仔細檢查他的行李廂。

「這次袋子裡面裝了什麼啊？」哨兵問道。

「土，又運了一些土。」那人回答。

哨兵仍舊不相信，再次要求對那些袋子進行檢查，結果仍然一無所獲。

相同的事情幾乎每週都要重演一次，一直持續了六個月後，哨兵實在被煩擾得灰心喪氣，最後竟辭職了。

後來，有一天深夜，他在酒吧裡遇見了那個運送泥土的人，只見他渾身酒氣的模樣走了進來。

這個離職的哨兵忍不住上前問他：「老兄，你能不能幫我解決一道難題？今晚你喝的酒全部由我請客，只要你告訴我，那段時間內你到底在運送什麼東西？」

那個人轉身過來，接著便湊近哨兵的耳朵邊，笑嘻嘻地說道：「汽車！」

你是否曾經懊悔地說：「啊！我怎麼沒發現！」或曾驚呼：「咦？怎麼會發生這麼大的漏洞？」

每個人處事時難免會有一些遺漏，因爲很多人無法以正確的網，網住自己準備捕捉的目標物。就像故事中的哨兵，明明已經對準了其中的問題目標，卻還是讓走私客從他破漏的網眼中一再逃脫。

之所以會發生如此情況，關鍵是因爲哨兵始終都盯著車廂上的土堆，視線只網住了車廂上的物件，卻把其他相關的可疑事物，包含車子本身全部遺漏了。

我們也從中獲得了一個另類省思，不是完全專注於一件事物上就能獲得成功，因爲每個人的思考或視線都一定會有盲點或死角，如果不想讓這些盲點成爲我們網羅成功的大缺口，除了緊捉住目標物不放外，還要懂得運用眼角的餘光去搜羅其他有助於自己成功達成目標的助力。

每張網都一定會有漏洞，我們要依據目標身邊的雜質大小，聰明地選擇洞的大小。如此一來，我們才能把那些無用的雜物一一篩除，讓最終的目標物更加明確清晰。

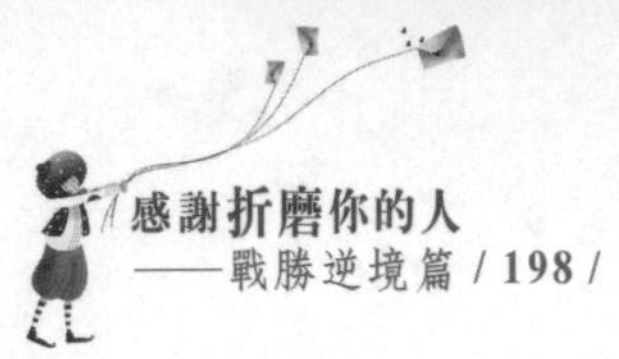

勇氣就是成功的動力

當目標確立的時候，你只需要一份積極的企圖心與充滿智慧的勇氣，然後，你想做什麼都一定能成功！

因爲未來的不確定性，經常讓人停滯於擔心害怕的情緒中，久而久之慢慢地耗損了冒險勇氣。

我們無法預料未來的危險在哪裡，也無法預料即將面臨的阻礙有多艱難，但是無論未來如何，都要和流水一般川流不息，勇往直前。

阿克森是個靠借貸起家的富翁，但直到二十八歲之前，他還在自己的律師事務所工作。面對手上一件件富翁們請託的事務，阿克森一遍遍問自己：「爲什麼我這麼窮？」

當他體認到自己的情況後，下定決心要去闖一闖。

但是，要怎麼開始呢？想了許久，最後他終於想到辦法了：「去借貸！」於是，他先將手上的工作全部處理完畢，然後貼出「有事外出」的關門啓示，接著便立即趕往銀行。他不卑不亢地向銀行經理說：「您好，我想修繕我的律師事務所，能不能向貴銀行借點錢？」

受惠於他的律師身份，銀行經理很快地便點頭答應。

阿克森走出銀行大門時，手上已緊握了一萬美元的現金支票；走出了這間銀行後，阿克森又走進了另一家銀行，在那裡存進了剛剛到手的支票等待兌現，這個流程一共只花一個小時。之後，阿克森以相同的方法，分別在另外兩家銀行借款與存款。

手上已擁有二萬美元的借款與存款利息，阿克森並沒有將錢拿去運用，反而

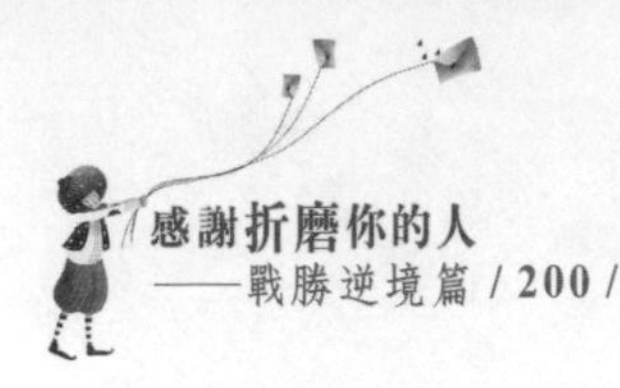

利用一間銀行養息來還另一間借貸的利息，而且幾個月後，便將存款取出還債。

在一借一還這個動作中，阿克森同時取得了這四家銀行的信任，接下來，他便在更多銀行間實行「獲取信任」的行動。

正因爲他在銀行界累積出一定的信用，所以銀行出借他的金額也越來越大，一年後，阿克森幾乎只要打一通電話，便有人會送來貸款支票給他。

朋友問他：「你這樣累積信用有什麼用？」

阿克森笑著說：「總有一天一定用得著！」

果然，不久之後阿克森的貸款終於有了實際的用途了。他毅然決定用借來的錢，買下費城一間瀕臨倒閉的公司。阿克森對於朋友們衆多質疑，只說：「這是個充滿機會的年代，我知道自己在做什麼，更知道我將獲得什麼。」

在資金供應無虞下，阿克森用心地經營這間公司，努力拓展業務，很快地便讓公司重新站起來。

八年後，阿克森的資產已達一億五千萬美元，且沒有一筆需要歸還的貸款。

也許有人要從嚴肅和嚴謹的角度來評審，並直指其中存在難以預知的風險，然而，我們從開創未來的角度分析，如果沒有冒險的勇氣，又如何能看見未來呢？人生難免會有萬一，與其等著「萬一」的發生，不如積極地去迎戰它。當阿克森以充足的膽識與遠見，努力地要突破未來時，我們其實也看見了他明確且謹慎的未來規劃。

錢一筆一筆地借，也一筆一筆地還，表現出來的不只是超強的自制力，更展現他經營未來的聰明才智，從建立經商條件中最基本的信用，進而慧眼獨具地買下瀕臨倒閉的公司，並成功地讓公司重新站起，這些都是值得我們探討的地方。

無論我們怎麼討論其中的過程，卻仍舊離不開「勇氣」與「膽識」這兩項成功元素。做事的確需要一點小技巧，個人的成就也需要方法才能成事，一如阿克森在故事隱喻的：「當目標確立的時候，你只需要一份積極的企圖心與充滿智慧的勇氣，然後，你想做什麼都一定能成功！」

用逆向思考爲自己找到出口

如果眼前的直線思路已經出現阻礙，那麼我們何不逆向搜尋？也許就在我們回頭的同時，便看見突破解決的出口。

打開思考的空間。一旦我們學會多面向的思考，就能在最危急的狀況下，自在地發現各種可以解決的方法。

給自己多一點思考空間，學會逆向的思考，我們才能及時打破僵局，爲自己創造一次又一次的成功奇蹟！

微風在南美洲的草原上拂過，因爲正值初秋，草原上看起來像似一片金黃色的海洋，十分美麗壯觀。

在這片草原上，有一群旅客特地結伴來到這裡，準備好好地享受如斯美景，只見他們在草地上盡情歌唱嬉戲，好不熱鬧！

突然，一陣驚呼聲打破了此刻的愜意氣氛。

「不好了！」

歡樂的歌聲乍然停止，他們立即尋著這個驚恐的呼叫聲望去。

「失火了！」

就在他們的身後，有一團火正朝著他們直撲而來，在秋風助長下，這團火越燒越旺，所有人立即逃散開來。

只是沒想到，在這煙霧迷漫中，他們全失去了方向，望著即將侵襲到他們身邊的火焰，有人忍不住哭嚎了起來：「完了！我們要被燒死了！」

就在絕望聲此起彼落中，忽然有個老獵人出現在他們的面前，安撫這群遊客們說：「你們別再跑了，現在你們聽我的命令，開始拔掉這一片乾草，並清出一

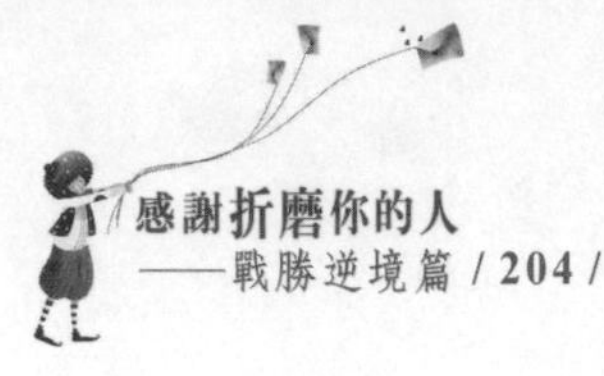

塊沒有乾草的空間。」

著急的遊客們聽見老人家這麼說，也顧不及是否有效，立即拼了命地拔草，一下子便清出了一塊很大面積的空間。

「接下來，你們聽著我的指令移動腳步。」老獵人說。

這時，火焰朝空地的北端靠近，老獵人立即叫他們到空地的南端，自己則跑到空地的北端，並將拔下來的草堆搬向北邊去。

熊熊大火似乎沒有熄滅的可能，因此，有人恐慌地問老獵人：「如果火燒了進來怎麼辦？」

老獵人笑著說：「別急，我有辦法！」

很快地，大火便靠近了老獵人，只見他將堆放在北邊的乾草點燃，接著，竟發生了一個神奇的景象，有人不禁大呼：「啊！乾草怎麼會逆著風，朝著大火的方向燒去呢？」

只見兩個不同方向的火勢，很快地便相遇了，令人感到不可思議的是，當兩方相遇時，竟出現互相排抵的情況，兩方的火勢竟然都慢慢地變小了，最後則熄

滅了。

他們吃驚地問老獵人到底用了什麼魔法。

老獵人吐了口氣，笑著說：「這只是一個小小的原理，烈火上方的空氣遇熱後會變輕，接著便產生上升氣流，而周圍的冷空氣這時會被迫遞補上去，所以在大火的附近會有迎向火焰流動的氣流。於是，我便趁著大火接近北面時，將另一個草堆點燃，令這邊的火朝著風的反方向開始蔓延，最後因在兩方各自拉聚冷空氣的情況下，兩股火勢中間的空氣燒盡，再也沒有助燃的乾草和氧氣，火自然也慢慢地熄滅了。」

沉著的老獵人從大自然的原理中，發現「以火滅火」的解決方法，也帶出了生活思考的多元性——不是只有水和土才能消滅烈火，萬物身上皆有其必然存在的弱點，只要我們能夠適時找出可以攻破的漏洞，那麼熊熊烈火也能阻擋火苗燃燒。

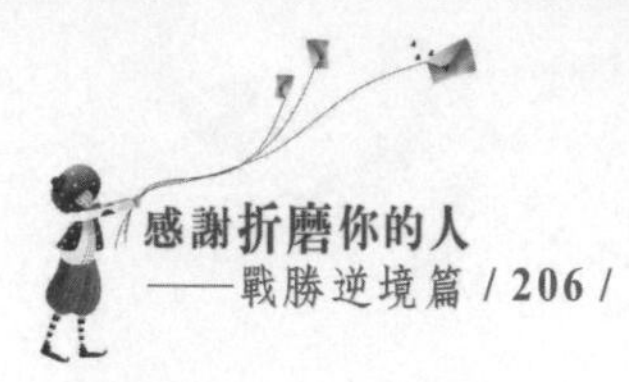

習慣以正向思考的人，比較不會從逆向去探討，平常尋求解決的方法，往往充滿了僵化的思考模式。就像故事中的情況，大多數人會堅持著「水能滅火」的常理，怎麼也想不到「用火滅火」的可能，這也經常是我們習慣正向思考的盲點。

不論面對什麼樣的問題，都要多轉幾個角度去思考，如果眼前的直線思路已經出現阻礙，那麼何不逆向搜尋？也許就在我們回頭的同時，便看見突破解決的出口。

或許，有人會質疑：那豈不是要多走兩步路了。

那又何妨，只要能讓問題重現生機，再多走兩路也值得！

PART 6

勇氣是成就未來的最佳利器

沒有試過，我們永遠也不知道，
前面看似搖搖欲墜的吊橋，
原來沒有想像中那麼危險，
更是我們踏入成功的最佳捷徑。

不放棄就一定有機會

自信是每個人最好的依靠，勇氣是我們最佳的伙伴，如果你的夢想沒有破滅，不妨多給自己一點信心。

看見山路崎嶇，你習慣退回原地重新開始，還是停在路口不住埋怨：「爲什麼這條路那麼崎嶇？爲什麼老天爺不給我一條平坦的路？」

其實，對堅決不放棄的人來說，無論退回原點重新開始，還是繼續前進，他們都知道，自己終有一天定能到達山峰。

反之，那些只知道抱怨的人，即使有人指引他們一條平坦的山路，最終還是會嫌坡度太陡。

有個美術系剛畢業的女生，對於布料圖樣的設計非常感興趣，在畢業前夕，便選定了未來要走的路了。

但是，想進入這個行業並不容易，對於這個剛出社會的女孩來說自然困難重重。大部份的服裝設計師與配合的上下游廠商大致是固定的，對於這個完全陌生，甚至還只是初出茅廬的設計者根本就沒什麼興趣與信心。

這天，當女孩又拿了一堆精心設計的作品到一間著名的設計師公司時，助理連看都沒看就想打發她走。在她苦苦哀求，助理只好軟下心腸答應：「好吧！我拿去給計師看一下。」

不久，助理終於走出來了，只是答案和過去被拒絕的情形一樣：「對不起，設計師說我們的設計圖太多了，實在沒時間看，而且我們早就有固定的合作伙伴了，所以您請回吧！」

四處碰壁的女孩心情非常沮喪，但是，她還是堅地對自己說：「不行，妳一

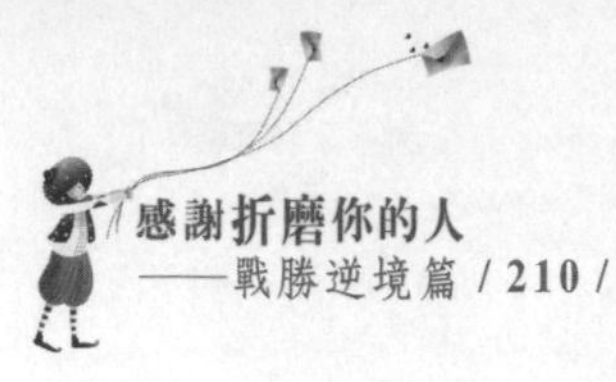

定要堅持下去！或許這些推銷方法不對，我得再想想其他的辦法，相信只要我找對了方法，就一定能打破僵局。」

有一天，女孩走在路上正巧遇到了一位名歌星的簽名會。看著宣傳照上的美麗服飾，女孩突然靈機一動，跟著歌迷們擠到了前方。

人龍一個接著一個，女孩終於等到機會了。

「妳好，我好喜歡妳喔！我眞想爲妳設計一些漂亮的服裝，請妳幫我在這幾塊布上簽名，這是我剛剛設計出來的圖樣喔！」

女孩抓緊機會宣傳自己的作品。

沒想到這位歌手對她的作品十分感興趣，親切地對女孩說：「眞漂亮，這些全都是妳設計的嗎？能不能請妳和我的設計師聯絡，我想用妳這些布料做衣服，可以嗎？」

接著，歌手從口袋裡挑出一張名片：「這是她的電話，妳直接告訴她，是我要妳過去的。」

只見女孩瞪大了眼，顫抖著聲音說：「這是眞的吧？不是，我是說，好，我

明天就過去。」

第二天早上，女孩再度出現在曾拒絕她的設計師面前，並拿出歌手簽了名的布料說：「您好，是她叫我來找妳的，她說希望能用這些布料做衣服。」

希望其實一直在每個人的心中，只要我們不輕易放棄自己的夢想，美夢成真的機會就不會棄我們而去。

故事中的女孩，雖然一再地被否定與拒絕，但是帶著夢想前進，她始終堅持相信：「我的夢想一定能成真。」

走進現實生活中，相信有許多人正和女孩一樣不斷地遇到挫折，也許你曾寄了上百封個人資料，希望能得到一個工作機會，也曾經接到上百封的「很抱歉」的回覆，那麼，面對著一張又張的被拒回函，你都怎麼告訴自己？

是嘆了幾聲，然後說：「根本沒有人想用我！」還是像女孩一般對自己說：「沒關係，一定還有其他的機會。」

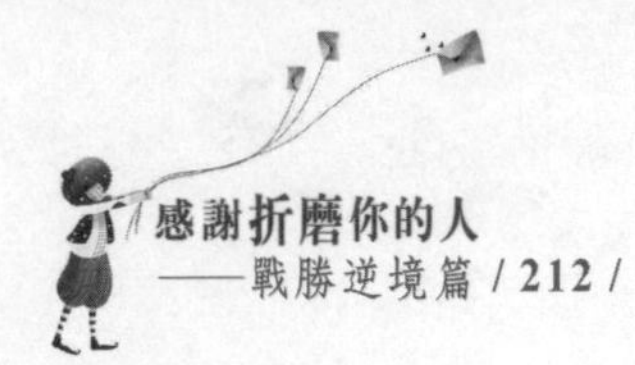

一開始我們都是在跌跌撞撞中展開自己的人生，應該很習慣「跌倒」的感覺，當然也更習慣「再站起來」的經驗，是吧！

其實，生活之中並不需要有太多的運氣，因爲自信是每個人最好的依靠，勇氣是我們最佳的伙伴。

如果你的夢想沒有破滅，不妨多給自己一點信心，只要你能再積極一點，充分地展現你成功的企圖心，夢想一定能實現。

機會是靠自己爭取而來的

機會要靠自己去爭取，別再亦步亦趨地跟著別人走，偶爾跳開保守的規矩，動動你的聰明腦袋，機會便將直奔你的懷抱。

別以為機會可以一等再等，如果你不能主動爭取，即使別人錯過了它，也不代表你就一定會擁有它。

機會只會與主動爭取它的人配成對，對於那些只敢遠遠觀望的人，機會只能無奈地嘆氣，因為它知道，一個沒有勇氣爭取機會的人，即使把機會給了他，恐怕也不懂得如何把握。

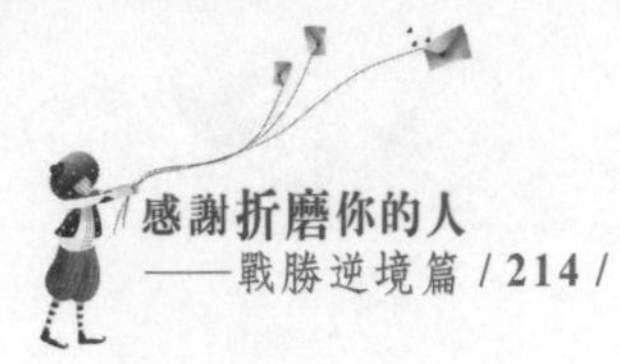

暑假那麼漫長，十六歲的佛瑞迪想：「每天都待在家裡一定很悶。」

於是，他鼓起勇氣對父親說：「爸爸，我不想整個夏天都向您要錢，我想出去打工。」

父親似乎不太了解他的目的，便說：「是嗎？那好，我會想辦法幫你找份工作，不過，現在恐怕不太容易找得到。」

佛瑞迪一聽·連忙解釋：「爸爸，我不是要您幫我找工作，我會自己去尋找。還有，請您對我有信心一點，就算現在職場徵人的情況不佳，我也一定會找到工作。因爲，不管再怎麼不景氣，總有些人可以找到工作的。」

「哪些人？」父親懷疑地問著。

「那些會動腦筋的人啊！」佛瑞迪答道。

父親允許佛瑞迪出去打工後，他立即翻閱報紙，在求職欄上找了一個很適合他的工作。七點四十五分，佛瑞迪便已經出現在應徵公司的門口了，雖然八點才

開始面試，但是以爲已經早到的他，卻看見門口早就排了將近二十個男孩在等候。

「居然有這麼多競爭者，等一下我要怎麼表現自己呢？」佛瑞迪在心中仔細地思考這個問題。

「在這個重要時刻，我得好好地動一動腦，我要怎麼做才能讓面試官注意我呢？」佛瑞迪的腦海繼續出現了第二個準備解決的問題。忽然，佛瑞迪拍了一下自己的大腿：「是啊！我可以先這麼做。」

旁邊的人看見佛瑞迪突然打了自己一下，接著還拿出紙筆寫字，都以爲佛瑞迪太過緊張，以致於行爲失常了呢！

很快地，佛瑞迪完成他的便條，只見他將摺得整整齊齊的字條交給秘書，然後十分恭敬地對她說：「小姐，能不能請您這張字條交給您的老闆呢？這個字條十分重要喔！」

女秘書看著這個滿臉自信的男孩，忍不住說：「是嗎？好啊！不過，我得先看看你寫了些什麼。」

只見她打開字條，接著忍不住笑出聲：「好，你等等啊！」

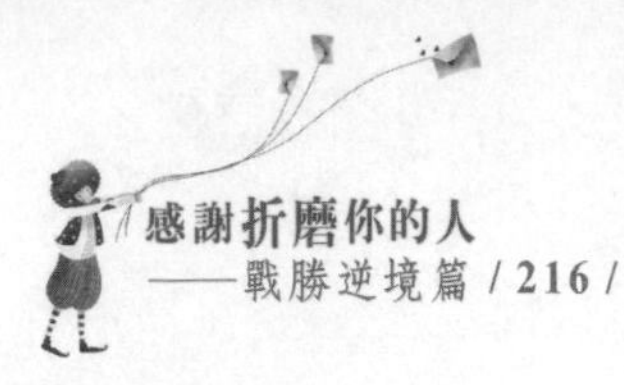

女秘書果真答應了佛瑞迪的要求，將字條送進老闆的辦公室，老闆看了字條也忍不住大笑一聲，還連聲說「好」。

最後，佛瑞迪果真得到了這份工作，而且頗受老闆的器重。

差點忘了，佛瑞迪的字條其實也沒什麼，紙上只不過簡單寫著：「您好，我排在隊伍中的第二十一位，在您還沒看到我之前，請不要做任何決定。」

當你讀到佛瑞迪的字條時，想必也忍不住會心一笑吧！

仔細地閱讀佛瑞迪的字條，相信你也看見了佛瑞迪的勇氣與機智，然後也不得不承認他的成功理論：「會動腦筋的人一定會成功。」

對於一個充滿自信的人來說，沒有什麼事會難倒他，即使每個人都勸告他說「這條路一定困難重重」，他還是會堅定地告訴對方：「別擔心，我一定會獲得最後的成功！」

勇氣和決心、智慧與自信，無論哪個組合都是成功者必備的條件。從佛瑞迪

的身上，我們不僅看見他的聰明，更預見他的成功未來，雖然只是一份打工機會，他卻充分地展現了大將之風。

儘管佛瑞迪並沒有在故事中寫下什麼錦言妙語，但是透過簡單的字條，我們仍然可以看見寓意深遠的啓示。

路是靠自己走出來的，機會更要靠自己去爭取，別再亦步亦趨地跟著別人走，偶爾跳開保守的規矩，動動你的聰明腦袋，機會便將直奔你的懷抱。

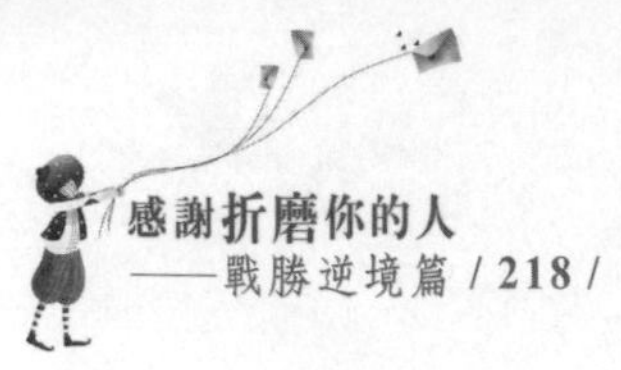

勇氣是成就未來的最佳利器

沒有試過，我們永遠也不知道，前面看似搖搖欲墜的吊橋，原來沒有想像中那麼危險，更是我們踏入成功的最佳捷徑。

一個有勇氣與責任感的人，不管什麼樣的工作交到他的手中，都一定能順利完成，即使遇上麻煩也必定能逢凶化吉，化險爲夷。

如果你也是個充滿好奇心且勇於面對的人，現在不妨給自己多一點行動與探索的勇氣吧！

有一間行銷公司的總經理正向員工們叮嚀一件事：「你們到八樓時，別走進那間沒有掛上門牌的房間，知道嗎？」

「是！」雖然總經理並沒有解釋原因，但員工們還是全部乖乖地答應。

一個月後，八樓那個房間果眞從未有人開門進去，在此同時，公司又新招聘一批員工，總經理也再次向新進員工叮嚀一次。

只是，這回卻有個年輕人嘀咕著：「爲什麼呢？那裡該不會藏了什麼不可告人的秘密吧？」

當年輕人提出質疑時，總經理並未加以解釋，只是簡單地回答：「沒有什麼特別的理由。」

這樣的答案當然滿足不了年輕人的好奇心，他回到位子後仍然困惑著：「既然沒有什麼特殊原因，爲什麼不能進去呢？」

坐在他身邊的資深員工便勸他：「做好你自己的事就對了，其他的事就別再多想，乖乖聽總經理的話準沒錯。」

「是嗎？」年輕人滿臉不以爲然地看著同事，這時他已經打定主意一定要去

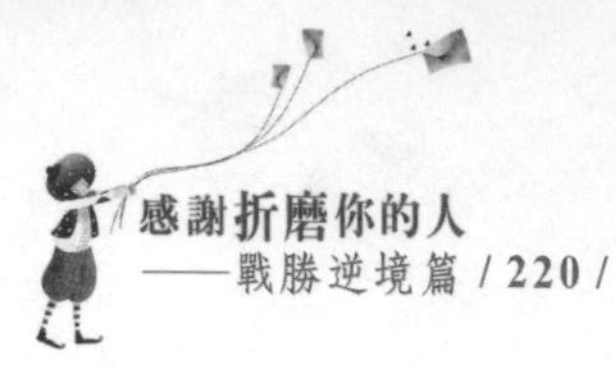

「一探究竟」。

到了傍晚，年輕人趁著大家正忙於下班的緊張時刻，一派自然地走到了八樓，只見他隨手敲了敲「神秘之門」，卻見門被敲了開來，原來這個門只是虛掩，根本沒有上鎖。

「這個情況會有什麼秘密呢？」年輕人完全摸不著頭緒地思索著。

他走進門，卻見屋子裡什麼東西都沒有，只有一張紙牌掛在牆上，上面寫有幾個鮮紅的字跡：「請把這張紙牌交給總經理。」

沒想到，年輕人眞的拿下了紙牌，直接朝總經理室走去。

這時，同事們知道他「闖禍」了，紛紛勸阻他：「喂，你快把紙牌放回原位吧！我們會幫你保守密秘的。」

但是，年輕人卻搖了搖頭說：「不行，既然我敢違反規定走進去，就要爲自己的行爲負責，上面既然寫明了要交給總經理，那我就得送去給他，其他的就任憑處置。」

但令人意外的是，當大家以爲年輕人恐怕要被革職的時候，總經理居然走出

來宣佈：「從今天開始，約翰調升為行銷經理。」

才剛剛踏入職場的約翰一聽，自己也吃驚地問：「因為這個紙牌嗎？」

總經理點頭說：「是的，我已經等了這個紙牌快半年。總之，我相信你一定能勝任這項職務。」

既有勇氣又有責任感的約翰，果然不負總經理的賞識，半年內便讓銷售部門的成績創下最佳紀錄。

從約翰的身上，我們看見的不只是好奇心，還有敢於挖掘問題的勇氣，以及讓他成功接下重任的負責態度。

或許有人要質疑，故事的結果會不會恰好相反，約翰非但無法升遷，更有可能因此丟掉工作。

不過，只要我們換個角度想，便能否定這個假設。

因為，一個勇往直前的人即使丟掉機會，很快地，便能找到另一個機會；一

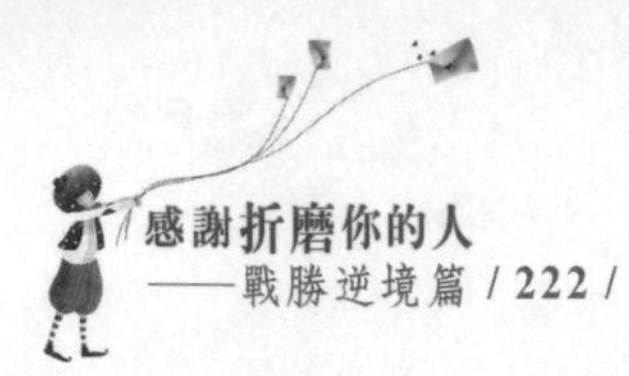

個勇於承擔責任而不逃避的人即使違規，聰明的主管也會因爲他勇於面對的責任感，再給他一次機會的，是吧！

如果我們眞有才能，就不該只會唯唯諾諾，聽主管說一句自己才動一步，有爲者不僅要懂得舉一反三，更要比別人具有遠見與實踐勇氣，即使明知前方危機重重，也要大膽嘗試。

因爲，沒有試過，我們永遠也不知道，前面看似搖搖欲墜的吊橋，原來沒有想像中那麼危險，更是我們踏入成功的最佳捷徑。

不要錯把「固執」當「堅持」

再筆直的路也偶爾會有一些小顛簸，再好的方法也可能會有一些小缺點，即使我們能眼觀四方，始終還會有看不見的盲點。

什麼是固執，怎麼才叫堅持，其中尺度拿捏確實需要一點智慧。不過，這裡有一個很簡單的辨識方法：「當你的堅持造成了別人的困擾，又或是因爲太過堅持而讓自己失去了寶貴的機會，這些情況便不再是堅持的原意，而是人們公認的麻煩──『固執』。」

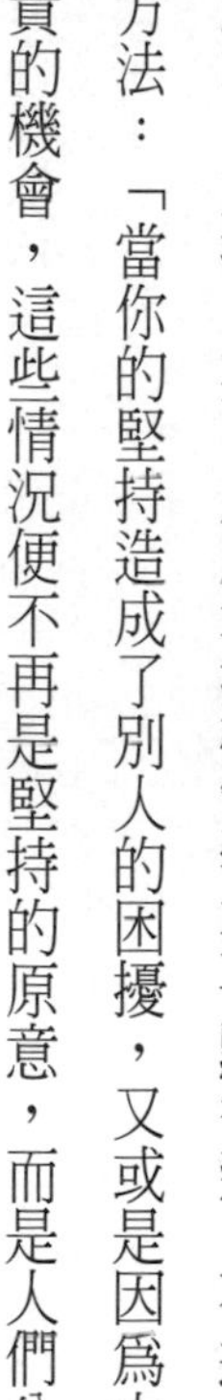

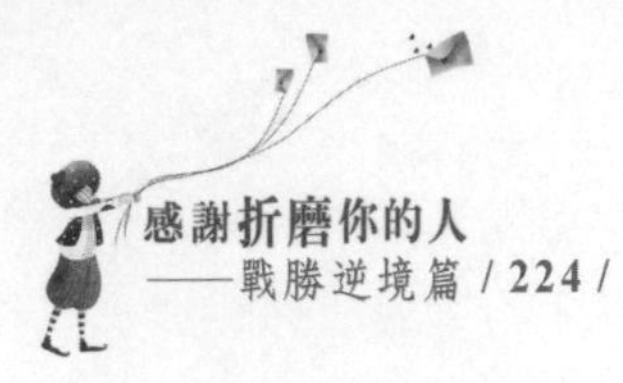

比爾原本是菲利普．莫里斯公司的首席理財專員，擁有哥倫比亞大學ＭＢＡ學位，可說是所有金融公司積極爭取的人才。

不過，看似搶手的比爾，卻在菲利普．莫里斯公司被別家跨國公司收購之後，職務立即被其他的理財專員取代。

換句話說，比爾失業了。

明白競爭環境的現實，比爾並沒有任何不滿，只有向以前的主管柯爾詢問：「在求職的過程中，你覺得我該怎麼做才能表現得更好？」

柯爾看了看比爾，滿臉認真地說：「比爾，我想你應該知道，在這個行業中的主管大都比較保守，如果你想在別人面前改善形象，你必須刮掉鬍子，不管你喜不喜歡，這麼一來你面試的成功機率才會更高一些。」

但是，比爾卻搖了搖頭，似乎很不認同柯爾的觀點。

他說道：「如果他們不能接受我的裝扮，那將是他們的一大損失。」

柯爾嘆了口氣，對比爾說道：「你的實力我們知道，但是別人可不清楚你的能力啊！」

雖然柯爾了解比爾的想法，但是他仍然想說服比爾，希望他明白：「你可以在爭取到工作機會後再把鬍子留回來啊！」

然而，不管柯爾怎麼勸他，比爾始終置若罔聞，因爲對他來說，肢體或形象上的偏好，不應該成爲一個人能力上的阻礙。

就這樣，比爾失業了一年，一直到失業滿一週年的當天，還是沒有找到工作。到那一天爲止，所有應徵過的公司沒有一間願意錄用他。

所幸，他在擔任首席理財專員時存了一筆錢，這筆財富不僅足夠買下一間小公司，更能讓他保住自己的鬍子，對他來說，工作和生活一樣，都要以最舒服的方式呈現。

在這個表現自我的時代，懂得堅持本色原本是件很好的事，但是如果「堅持」變成了「固執」，那可就不是件聰明人應該做的事。

就像故事中的比爾，雖然他最後靠著自己的力量找到機會，但始終還是晚了

一些。

我們不妨試著從另一個角度來思考，比爾一開始如果肯退讓一步，根本不必多浪費那一年的時間，畢竟以他的自信與實力，很快地便能擁有自己的辦公室，並自在地留下他想要的鬍子。

其實，再筆直的路也偶爾會有一些小顛簸，再好的方法也可能會有一些小缺點，即使我們能眼觀四方，始終還會有看不見的盲點。

所以，不管我們對自己多麼有信心，還是得學會謙卑，那並不是要我們當個只做表面工夫的人，而是爲了讓自己能有更多的機會展現自我。

用感激的心情面對當下的環境

與其抱怨才智難伸，不如用更積極的態度去面對當下的環境，懷抱感激之心，不僅能讓人懂得珍惜把握。

不管是在工作上還是一般待人接物中，常帶微笑的人始終比板著面孔的人更具有說服力，也更容易讓人產生信心。

帶著正確的生活與工作態度，才能讓我們自信地走向未來。

畢業後，便順利投身職場的漢德森，在一間小公司工作一段時間後，便很幸

運地轉換到另一間大企業公司中任職。在這間有上千名員工的大公司裡工作，漢德森不像過去一樣事事都得自己來，可以更專注於自己擅長的工作上。

當然，有優點自然就有缺點，因爲在這個人才濟濟的大公司中，漢德森發現他的伸展舞台變小了，再也無法像從前那樣揮灑自如。

這一點對想積極展現自己的漢德森來說，當然是一件非常糟糕的事：「要怎樣才能讓主管們知道我的能力呢？最起碼該讓他們先認識我吧！嗯，對一個新進人員來說，我應該先加強自己的競爭實力，才有機會展現我的能力。」

不過，幾千名員工每天在公司中進進出出，每張嚴肅的面孔像似陌生的過客般，想讓主管們一眼認出或是記住自己，恐怕不是件容易的事。

「我該怎麼做才能讓主管發現我，並記住我呢？」漢德森每天都反覆地思考著這個問題。

時間眨眼便過，又到了年底發放年終獎金的時候了，這對辛苦一年的員工們來說雖然是最快樂的時刻，卻也是他們幫公司「反省」的最佳時候。

不管自己拿到了多少獎金，也不管對方是否熟識，他們還是能靠著這個共同

的話題熱烈交談。有人批評獎金不公平，有人諷刺主管不知體恤，似乎沒有對公司提出一點批評或埋怨，就不是這間公司的一份子一般。

辛苦工作了一年，發發牢騷也確實情有可原，不過，在這個時候還是有個人沒有加入這個批判行列，他正是漢德森。

第二天，他將一封封感謝函送往公司幾位主管及總經理的桌上，上面寫著：「您辛苦了，在這個時候我很想表達心中的謝意，非常感謝您這一年來的指導與教訓，漢德森。」

這天，漢德森「又」在電梯裡碰到了總經理了。

沒想到總經理突然笑著對他說：「咦，你是漢德森吧！你一會兒到我的辦公室來，我想和你好好聊一聊。」

你的抱怨還是很多嗎？

你一整年都是帶著這樣的態度在工作嗎？

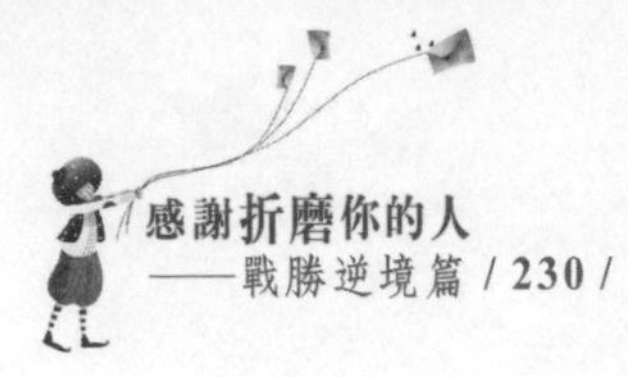

如是答案是肯定的，那麼，請坦然地接受你「有志難伸」的現實吧！

因爲，對機會而言，最厭煩的事正是聽見埋怨，因爲它知道，一個只會不住埋怨的人，根本不知道要怎麼發揮自己的才能，更不知道如何把握它，與其留在一個不懂得珍惜的人手中，不如飛向另一個合適的對象。

其實，獲得機會的方法一點也不難，只要我們用正面積極的態度去尋找，便能在某個小角落找到千載難逢的良機。

就像漢德森一樣，爲了幫自己爭取機會，他糾正了自己的工作態度與方向，沒有像其他人一般宣洩情緒。從中，我們可以很清楚地看見，漢德森抓到了感激與回饋之間的互助關係，更以積極態度面對公司與自己的未來。

與其抱怨才智難伸，不如用更積極的態度去面對當下的環境。懷抱感激之心，不僅能讓人懂得珍惜把握，也讓人更懂得付出的眞義，終有一天我們一定會得到相同的回饋。

實現目標的最好方就是往前看

不必擔心腳下的道路是否充滿荊棘。勇敢地往前看，為了讓我們的鬥志更加堅強，實踐的決心能更加堅定。

就行爲心理學的說法，習慣低頭走路的人大都很害怕挑戰，於是，許多人都以這麼下結論：「老是低頭前進的人，很難有成功的一天。」

這樣偏頗的結論當然令人擔心，但卻是一般人的判斷標準，所以想實現目標的人，請立即抬起你的頭，往前看。如此一來，你才能專注地朝著未來的夢想目標前進。

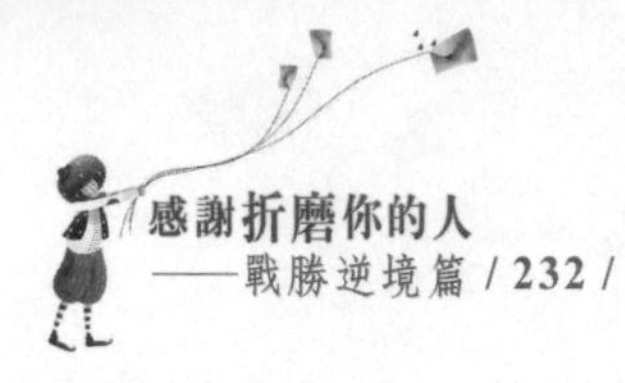

著名的演說家哈特瑞爾．威爾森，經常提及他小時候的一段親身經歷。

小時候，他住在德克薩斯州的一個小鎮。

有一天，他和兩位朋友一同到某段廢棄的鐵軌玩耍。威爾森的這兩個朋友的身材大不相同，一個是瘦瘦弱弱的模樣，另一個則是個小胖子。

當時，他們在鐵道上舉行了一項比賽，看誰能在鐵軌上走得最遠。

威爾森原本以爲自己和較瘦的朋友會走得很遠，但結果完全相反，他們兩個人只走了幾步就跌了下來，反而是那個較胖的男孩走得最遠。

比賽結束後，威爾森立即不解地問胖朋友：「你有什麼秘訣嗎？爲什麼你可以走那麼遠呢？」

沒想到胖朋友居然說：「你跟他在走鐵軌時，一定只顧著看自己的腳，是吧！那當然要跌下來了，我啊！因爲我的肚子太突出了，根本看不到自己的腳，前進的時候只好選擇鐵軌上的某一個物體作爲目標，然後專心地朝著那個目標物走去。

當我接近這個目標後，我又會選擇另一個物體作爲目標，然後再繼續朝著新的目標前進，所以我當然走得最遠囉！」

聽著胖朋友說那麼多，當時威爾森和另外一個瘦子居然聽不大懂，還問他：「那什麼意思？」

只見胖男孩頗富哲學意味地說：「那是說，前進的時候，如果你只顧著自己的腳，你就只會看見腳下的鐵銹和發出異味的植物而已。至於我的眼睛，卻因爲不是盯著自己的腳步，反而更能在潛意識中確定一個目標，當我的潛意識將這個目標傳遞信號到雙腳時，我的雙腳更能協調地配合，最終實現我設定的目標囉！」

頗富哲思的胖男孩從鐵道上領悟的生活哲理，你是否明白呢？

故事的旨意其實很簡單，就是「往前看」三個字。

一味地把頭壓得低低的，反而因爲太在意腳下的步伐而失去了平衡，更會因爲只看得見腳下的足印，而忽略了前進方向早已走偏的危機。

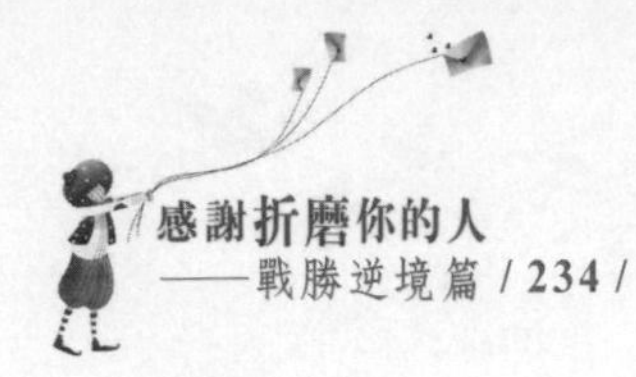

事實上，老是低著頭細數自己步伐的人，往往更容易數漏了生活的腳步，因爲太過仔細與小心，反而很容易讓人鑽牛角尖，爲自己帶來無謂的擔心與恐懼，甚至走向失敗而不自知。

面對目標，只要我們能心無旁騖、專心致志，就不必擔心腳下的道路是否充滿荊棘。勇敢地往前看，不是因爲害怕失去目標，而是爲了讓我們的鬥志更加堅強，實踐的決心能更加堅定。即使軌道出現斷裂，不必低頭，我們也能輕鬆跨越，繼續朝著最終目標前進。

誠實才是推薦自己的保證書

過多的裝飾或刻意的偽裝，一旦被人戳破後，不僅到手的機會立即喪失，往後的機會恐怕也要從此失去。

正準備前往面試的你，別再花那麼多的心思包裝外表，因爲最好的包裝服飾不是香奈兒，而是自己的特色。

渾然天成的自信與機智，才是你推薦自己最好的保證。

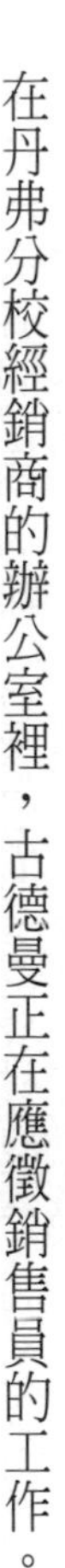

在丹弗分校經銷商的辦公室裡，古德曼正在應徵銷售員的工作。

坐在他前方的經理約翰，看著眼前這位身材瘦弱、臉色蒼白的年輕人，竟當著他的面搖了搖頭。

接著，約翰先生照慣例提出問題：「你做過推銷工作嗎？」

「沒有！」古德曼回答道。

「我想也是，現在，就讓我出幾道關於行銷的問題問你，請問，推銷員的目的是什麼？」

「要讓消費者了解產品的功能和特性，進而心甘情願地掏出錢來購買。」古德曼不假思索地答。

約翰先生點點頭，又問：「你會用什麼樣的方式與消費者展開對話？」

「『今天天氣眞好』，或是『你的生意似乎不錯』。」

雖然古德曼曾停頓了一下才回答，但約翰先生的反應仍然是點頭。「好，如果我交給你一台打字機，請問你要怎麼向農夫推銷？」

古德曼想了下，接著慢慢地回答：「對不起，先生，我無法向農夫們推銷這種產品，因爲他們根本用不著。」

沒想到約翰先生一聽，居然高興得從椅子上站了起來。

這一次，他的頭點得十分用力，只見他拍了拍古德曼的肩膀，興奮地說：「年輕人，好，你通過了，我相信你會成爲一個出類拔萃的推銷員。」

是什麼樣的原因讓約翰先生從這麼相信古德曼呢？

因爲最後一個題目，這麼多的應徵者中只有古德曼的答案令他滿意。之前每一位應徵者總是編造一些不切實際的方法，根本沒有人考慮到行銷時的第一要件：「找出消費者的眞正需要。」

我們可以這麼說，古德曼的成功不在於擁有過人的聰明機智，只在於一顆簡單而誠懇的心。不必花招百出或裝腔作勢，只要帶著簡單誠實的態度應試，成功的機率就一定比別人高。

過多的裝飾或刻意的偽裝，只會讓我們顯得更加笨拙。特別是偽裝，一旦被人戳破後，不僅到手的機會立即喪失，往後的機會恐怕也要因爲這個不良紀錄而

從此失去。

仔細領悟，我們便能看見這個故事要告訴我們的道理：「別擔心自己是塊璞玉，無法發出耀人的光芒，只要你是塊美玉就沒有人可以否定你的價值。最重要的是，每一個老闆都想找一個真實可靠的人才，即使看起來是塊璞玉，內行人始終會看見你的內在光芒。」

坦誠是贏得信任的唯一方法

除了記取教訓之外，更要懂得把握現在，只要我們能坦誠地面對自己，真誠地待人，我們終究能為自己找到新的價值定位。

無論是對別人坦白，還是誠實地面對自己，「眞誠」是每個人面對生活最重要的態度。因爲，缺乏眞心的人處世必定行事畏縮、言辭閃爍，不僅無法取信於別人，更無法取信於自己。

出生於貧苦農民家庭裡的豐臣秀吉，父親很早就去世了，八歲的時候，母親

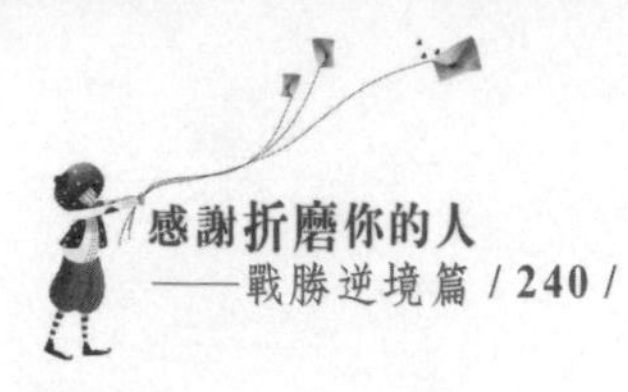

迫於生計，不得已送他去當小和尚。

但是，淘氣的豐臣秀吉進入寺院不到一年，便把大香爐打破了，由於老和尚們實在管不住他，最後便將他退回家中。

母親看見孩子這麼不成才，內心充滿無力感，但是又不能不管他，於是送兒子去染布店做學徒。這一次更糟糕，因爲他不到一月便被辭退。就這樣，不到三個月的時間，豐臣秀吉一連換了十幾個地方。

每一家商店一見到豐臣秀吉都搖頭，雖然在十六歲時，他被一位武士收留，但有一天，被迫與人比武時，卻因爲表現太過高傲、狂妄，讓收留他的武士有些擔心，最後只好讓他離開武館。

從此，豐臣秀吉又開始了流浪生涯，沒有一技之長的他，在戰火燎原的歲月裡，有如乞丐一般四處遊走。

直到他遇到了尾張八郡的領主織田信長，人生終於出現轉機。

一看見織田信長，豐臣秀吉連忙大喊：「等等！」

織田信長問：「有什麼事？」

豐臣秀吉說：「請讓我做您的家臣！」

織田信長笑著問：「爲什麼要做家臣？」

「因爲，我想跟隨能稱霸天下的賢主。」

「那你的武藝如何？」

豐臣秀吉老實地回答：「很差。」

「讀過書嗎？」

「沒有！」

「你認爲自己有什麼才智？」

「我知道自己比不上別人。」

「是嗎？你究竟有什麼專長值得我用你？」

「對不起，我沒有任何專長。」

「喔？挺老實的嘛！只是，你到底憑什麼追隨我？」

只見豐臣秀吉用力地說：「眞心！」

聽見「眞心」這兩個字，織田信長完全被鎮服了，從此豐臣秀吉便跟在織田

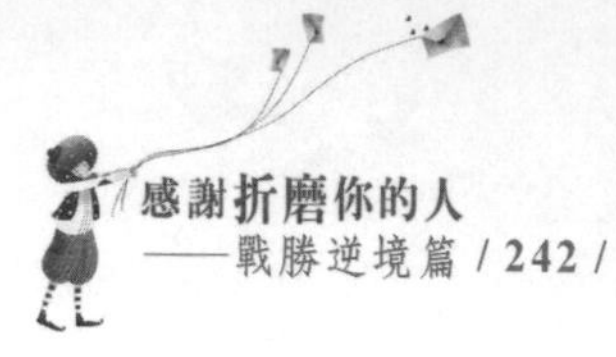

信長的身邊，並展開他輝煌的未來。

一顆坦白眞心讓豐臣秀吉成爲日本歷史中的重要人物，曾經狂妄自負的豐臣秀吉，在歷經辛苦流浪的生涯中，看盡了人世的冷漠，也嚐盡了人間的冷暖，所以他知道，眞誠待人便能換得相同的眞心。

清楚知道自己才幹的他，雖然在年少輕狂時一再地錯失機會，但最終總算能在醒悟時及時把握，爲自己和日本創下前所未有的輝煌歷史。

其實，我們無須仔細記下歷史人物發跡過程中的每一段故事，因爲每一則故事的旨意都很相近。人難免會有過去，走過之後，我們除了記取教訓之外，更要懂得把握現在。只要我們能坦誠地面對自己，眞誠地待人，無論過去如何荒唐，終究能爲自己找到新的價值定位。

所以，別再自囚於過去的陰影中了，想重新開始一點也不難，因爲你未來始終是你自己的，只要相信自己，接下來自然能取信於別人。

PART 7

膽大心細才不會錯失良機

「膽大心細」是成功必備的元素，
有膽無謀的人往往一再犯錯，
心細無膽的人則容易深陷遲疑，
經常在後悔中錯失良機。

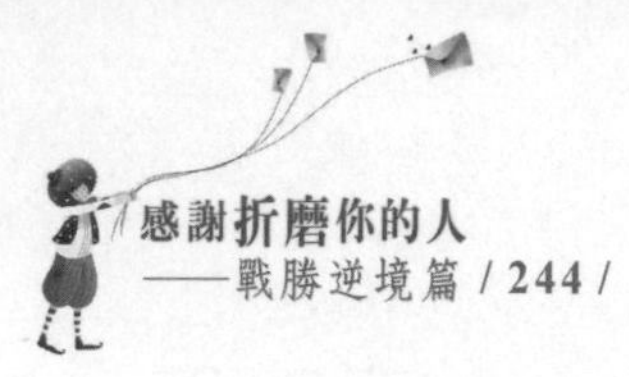

用兩塊錢買一份成功機會

自恃甚高的人才，經常和公司主管造成對立和衝突，其中無法溝通的最大原因，經常是：「因為我身經百戰！」

經驗不足，並不表示學習能力不足。很多時候，經驗不足的人反而更懂「唇齒相依」的道理，也比別人更懂得上下溝通的重要性。他們能接受各方的意見，也更明白展現謙虛的工作態度，反而更能與公司上下共創雙贏的成績。

有個年輕人到某公司應聘會計，才剛畢業的他在面試時就遭到拒絕，因爲公

司眞正要找的是有經驗的資深會計。但年輕人不願放棄，一再地請求主考官：「請給我一次機會，讓我參加你們的筆試。」

沒想到這位年輕人不僅輕鬆通過筆試，還吸引人事經理來親自複試，因爲年輕人的筆試成績相當好，人事經理對這位年輕人也產生了好感。

然而，正式面談時，經理卻有點失望，因爲年輕人很坦白地說：「我並沒有實際工作經驗，連打工的經驗都沒有，我唯一的會計經驗是在校擔任學生會的財務長。」

經理看著眼前毫無工作經驗的年輕人，心中盤算著：「找個一點經驗都沒有的人來公司，實在很不划算！」

於是，經理對年輕人說：「好，今天就面談到此，有任何消息我們會打電話通知你。」

年輕人禮貌地點了點頭，接著竟從口袋裡掏出了兩塊錢，並用雙手遞給經理：「不管貴公司是否錄用我，請務必都要撥個電話給我，好嗎？」

第一次遇到這種情況的經理，看著錢幣竟一時呆住了。待回神後，他好奇地

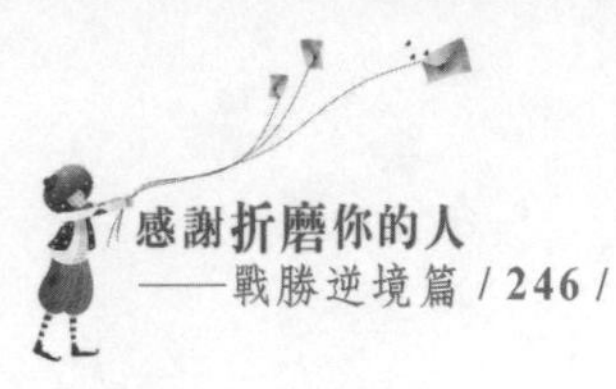

問道：「你怎麼知道，沒被錄取的人就不會接到電話呢？」

年輕人認真地回答：「您剛剛說，有消息便會接到通知，那言下之意就是說，沒被錄取的人就不會接到電話了，不是嗎？」

經理笑著點了點頭，一時又對眼前的年輕人產生了興趣，又問：「如果你沒被錄取，我們打電話給你，你想知道什麼？」

年輕人回答說：「想請您能告訴我，我還有哪些不足的地方，好讓我有改進的機會。」

經理明白地點頭，看著兩塊錢，又問：「那這兩塊錢……」

年輕人笑著回答說：「我想，貴公司一定沒有預算要撥電話通知未被錄取的人，所以這理應由我來支付，請您一定要打電話給我。」

經理笑著說：「那請你把這兩塊錢收回去吧！我們不會打電話給你了，因爲，我現在就通知你，你被錄取了。」

接著，經理在會議上說出年輕人被錄取的理由：「他一開始就被拒絕，卻堅持要求參加筆試，正說明他有堅強的毅力，而清算帳務是一件繁雜的工作，沒有

足夠的耐心和毅力，很難將這項工作做好。再者，他能坦白自己的工作經驗，則顯示他的誠實，這對掌理財務的人來說是很重要的。特別是當他說，不能錄取也希望能得到批評，便證明他有面對不足的勇氣，以及勇於承擔責任，並力求更好的上進心。」

經理嚴肅地看著台下全體員工：「經驗不足可以累積，畢竟每個人在工作中難免出現差錯，我們可以接受員工的失誤，卻無法接受員工只想安於現狀而停滯不前，因為公司發展的最佳狀況，是員工願意和企業主共同前進。一個能自掏電話費聆聽自己缺點的人，更反映出他能保持公私分明的公正。一個具備堅強毅力、誠實和敢承擔責任的人，在能堅守公私分明的做人原則與積極上進的特質中，我們看見了公司真正需要的人才。」

就公司培養人才的成本上來看，擁有資深的工作經驗，確實是公司尋才的重要指標，但經驗再多的人不見得是最好的人才。

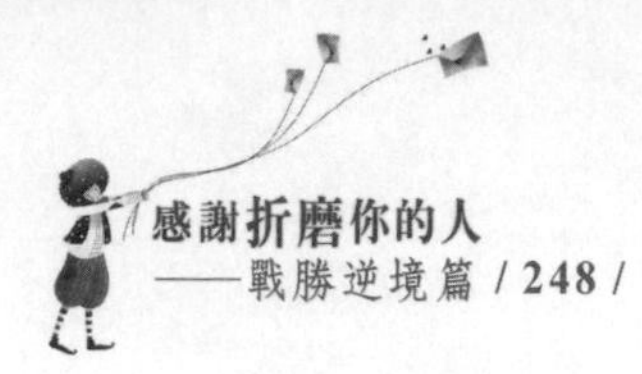

我們曾經聽說自恃甚高的人才，經常和公司主管造成對立和衝突，其中無法溝通的最大原因，卻也經常是：「因爲我身經百戰！」

怎樣的人才對公司最好，和期望能成爲夢想公司一員的人，兩者之間最好的結合關鍵，必是建立在正確的互助觀念上。

故事中的兩塊錢，不僅換得了年輕人的成功機會，也讓經理換得了一個絕佳人才的機會。

換個角度說，年輕人的求職態度與經理用才的轉念，不正是我們在這個競爭激烈的資本社會中，時時刻刻都要自我提醒的成功要訣？

立下志願，就要讓它實現

在實現目標的道路上，必定會有各式各樣的阻礙，也會遇到無法預料的挫折，讓許多人才剛跨出，旋即害怕退縮。

什麼是最好的人生目標，標準只有一個，那便是面對這個夢想目標，持續堅持下去，盡全力做到最好。

這天，中川老師給即將畢業的學生們出一道作文題目，在黑板上寫下了「今後的打算」四個字。

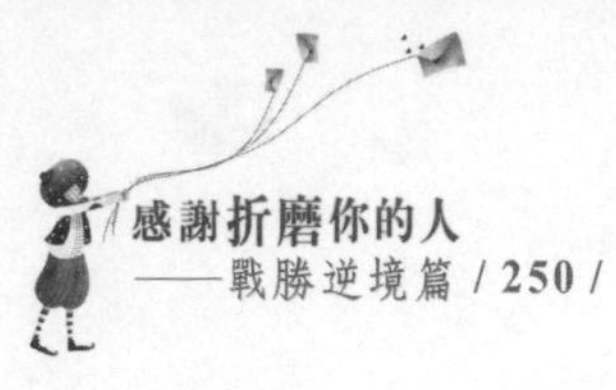

寫作時間結束，中川老師開始閱讀一個個偉大的目標，有人寫著：「我以後要當一名大公司的職員！」

也有人期許自己：「我要成爲一個科學家！」

當然，也有人希望能成爲一名醫生，救助需要幫助的人。

中川老師認眞地批閱著，在這些多元的願望中，他發現了兩篇文章最令人感動。一篇是學業成績表現不佳，但性格相當開朗的岡田三吉所作的，另一篇則是罹患小兒麻痺症的大川五郎所寫。

岡田三吉寫道：「在我很小的時候，爸爸就去世了，我對他的印象幾乎是空白的。但是，當我聽說爸爸是個手藝高超的鞋匠時，我便決定，未來我要做日本第一流的鞋匠。」

大川五郎的願望則是：「我自知身體不如人，無法像普通人那樣能做很多工作。不過，我很幸運，有個在東京做裁縫的親戚願意給我學習的機會。雖然我的動作不甚靈巧，但是只要我努力學習，一定能做出最漂亮的衣服，我想，將來我要做一名日本第一流的裁縫。」

看完這兩篇文章，中川老師不禁微笑：「好，日本第一流的人物！」

畢業典禮結束時，三吉和五郎上前向老師道別。

「老師，我決定明天就到金澤市的岡田鞋店工作。」三吉滿臉自信地說。

這時，五郎小臉上泛著紅暈，也大聲地對他說：「老師，我要前往東京了，不久之後，我就要成爲一名裁縫師了。」

中川點了點頭，笑著說：「嗯！你們都要朝著做日本第一流的方向出發，也要朝著日本第一流人物的目標前進。孩子，不論這條道路多麼艱難，你們都不要洩氣喔！」

少年用力地點著頭，他們聽見老師的鼓勵，對於自己的未來也充滿了信心和希望。

八年以後，他們果然分別成爲日本第一流的鞋匠與裁縫師，人們只要來到東京，向當地人問起鞋匠三吉和裁縫五郎，幾乎每個人都豎起大拇指說：「好！」

翻開年少的記憶簿，你是否也想起當時曾許下的人生目標？闔頁省思，目標如今是否已如願達成了呢？

每個人都一定會有夢想，也一定會有心中最想做的事，然而，在實現目標的道路上，必定會有各式各樣的阻礙，也會遇到許多無法預料的挫折，這些難關讓許多人才剛跨出，旋即就因爲害怕而退縮，甚至連夢想和目標也慢慢地擱置了。

至於能實現目標的人，不是因爲他們的機運比別人好，也不是他們的天賦比別人強，只是他們和三吉與五郎一樣，始終都相信：「我的目標一定能實現，我一定能成爲日本的第一流人物！」

堅毅與自信是他們成功的關鍵，當然也是無法達成目標的人最缺乏的條件。

每一個夢想都有實現的機會，只要我們在立定目標的那一刻，能和三吉、五郎一起將中川老師的勉勵銘記在心：「再艱難，你們都不要放棄，我相信你們一定會成功！」

珍惜財富，才能累積財富

世上沒有不勞而獲的可能，即使意外之財，也有其必然的前因後果，學會珍惜，我們才不會有踏錯腳步的機會。

握在手中的，確實要懂得珍惜，就像許多傳奇人物在分享成就時，經常謙虛地說：「其實，我只是比你多省一塊錢而已！」

在一場「世界傳媒和奧運報導」的新聞發表會中，出席的人物都是赫赫有名的人物，現場擠滿了來自世界各地的傳媒大亨與數百名記者。

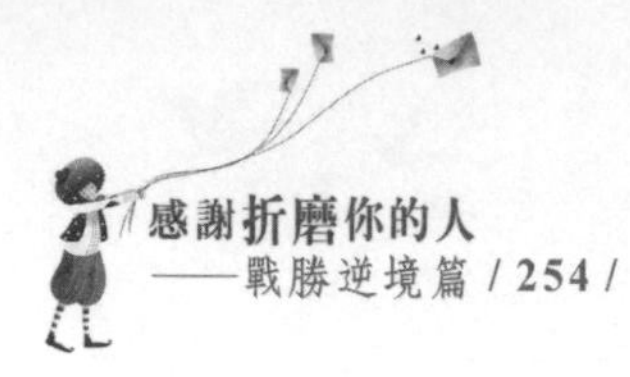

當台上人物開始發表各個運動項目時，忽然有個人蹲下了身子。大家仔細一看，發現原來是當時炙手可熱的美國傳媒巨頭，NBA副總裁麥卡錫在「亂動」！他突然蹲下去，接著還鑽到了桌子底下，似乎在尋找什麼東西。看見這樣一位大人物，在這個大場面中做出這樣的舉動，實在有失禮儀，大家忍不住竊竊議論：「他怎麼會做出這樣的舉動？難道他不知道，這個小動作會損害了他的形象嗎？」

不一會兒，麥卡錫從桌子下鑽了出來，手上竟然還多了一根雪茄。只見他用手帕擦了擦雪茄，然後舉起了雪茄對大家解釋道：「對不起，打斷了大家，我剛剛在桌子底下尋這根雪茄。因爲我的母親一再地叮嚀我，要好好地愛惜每一個得來不易的東西。」

說罷，麥卡錫拍了拍衣服，極其平靜地坐了下來。

一個身價億萬的富翁，有著難以計數的財富，不懂財富累積的人必定要譏笑

他：「那麼多錢有什麼用，才一根雪茄而已，何必那樣捨不得？」

擁有財富的人，本來就有資格好好享受，甚至是大肆揮霍，那麥卡錫爲什麼不肯這樣做呢？

沒錯，一根雪茄對麥卡錫來說，根本微不足道，然而，懂得財富累積之道的人，必定能明白這根小雪茄的價值，不只是價錢多少的問題而已。

對於慢步累積出身價的富翁們來說，一根雪茄包含著一路奮鬥的心血，即使是一塊錢，也因爲是從跌倒與失敗中爭取而來的，讓他們分外珍惜，只因這一塊錢的價值，對他們來說，早超越它本身的價面意義。

沒有一個人的成功是偶然的，因爲世上沒有不勞而獲的可能，即使意外之財，也有其必然的前因後果，學會珍惜，我們才能在達成目標後，不會有踏錯腳步的機會。

膽大心細才不會錯失良機

「膽大心細」是成功必備的元素，有膽無謀的人往往一再犯錯，心細無膽的人則容易深陷遲疑，經常在後悔中錯失良機。

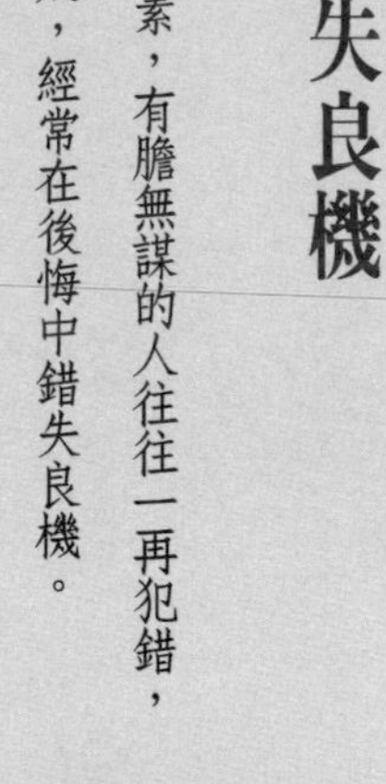

放在你手中的成功機會有多大，不在於機會本身的條件有多好，而是看你有沒有堅持的毅力與企圖心來決定。

五十年前，有一位名叫卡納利的美國人，原來經營著父親傳下來的雜貨店，但是這間雜貨店的生意卻很差。

正值年輕的卡納利忍不住對父親說：「爸，這間店經營了這麼多年，一點成績都沒有，我想不如做做別的生意吧！」

卡納利提出意見後，立即得到家人的支持，於是他接著說：「我們這裡有一所大學，而許多學生都是外食族。我還發現，這附近還沒有人經營比薩餅屋，我想，把雜貨店改為比薩餅，一定會有很好的成績。」

家人們聽完他的想法後，一致同意經營比薩餅屋，於是卡納利立即著手籌劃。

用心規劃的卡納利，將比薩餅屋裝修得十分精緻溫馨，這對講求氣氛與情調的大學生來說，確實相當吸引人，不到一年的時間，卡納利的比薩店便成為當地最著名的小吃店，店裡幾乎天天都是爆滿的人潮。

不久，他又在當地開了兩家分店，生意也都相當好。

野心極大的卡納利，看見三家店都經營得如此成功，便立即拓展他的事業版圖；他來到另一座城市發展，同時開了兩家比薩分店。但沒過多久，這兩家分店便出現危機，幾乎天天虧損的情況下，最後連房租都付不起了。

第一次遭遇失敗的卡納利苦思著：「同樣都是賣比薩，兩個城市的店家也都

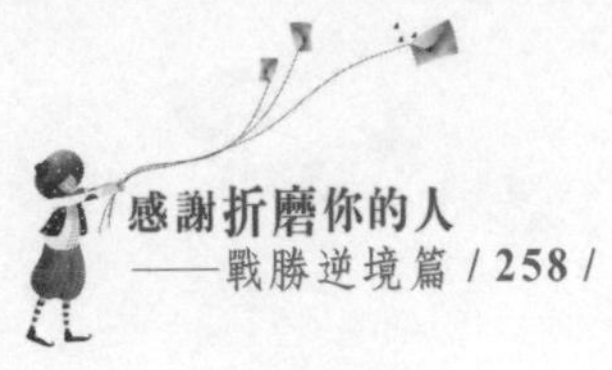

開在大學城附近，為什麼在這裡會失敗呢？」

不久，他的評估結論出爐了，他發現，原來是這座城市的學生與家鄉的城市學生，不論在在飲食或是追逐的品味上可說是南轅北轍，所以在裝潢與食材的搭配上，自然很難吸引顧客上門了。

於是，卡納利立即著手修正經營方向，虧損連連的比薩店，很快地便興隆了起來。如今，卡納利的比薩店已經遍佈全美，共計達到三千一百家，總值三億多美元。

卡納利回憶著說：「每當我到一個新的城市拓展時，其實一開始有十分之九都是失敗的，之所以最後都能成功，是因為在失敗時，我從來都沒有退縮的念頭，反而更積極地思考其中的缺失，並努力想出改進的辦法。就像當年進軍紐約市場時，第一時間我就遇到了困難，但我一點也不願放棄，而是積極地評估與修正，這才坐穩了今日的市場寶座。」

膽識過人的卡納利，能從一間小比薩店經營出如此大的事業版圖，依賴的正是過人的智慧與勇氣，還有過人的決心和毅力。

「膽大心細」是成功必備的元素，有膽無謀的人往往一再犯錯，難成氣候；心細無膽的人則容易深陷遲疑，裹足不前，而經常在後悔中錯失良機。

從卡納利的成功經驗中，我們可以看見，眞正成功的路不會是一帆風順，越能面對挑戰的人，即使風浪再大也必定能乘風破浪，突破艱難；越能從錯誤中汲取經驗的人，失敗越多對他越有助益，因爲每一次失敗都不會是他的阻礙，反而是他構築成功地基的重要建材。

一如卡納利的成功分享：「不要一遇到困難就退縮，更不要害怕失敗，只要你能從失敗中發現問題的關鍵，並做立即的修正，那麼即使走十步跌十步，你都一定能走到夢想的目標！」

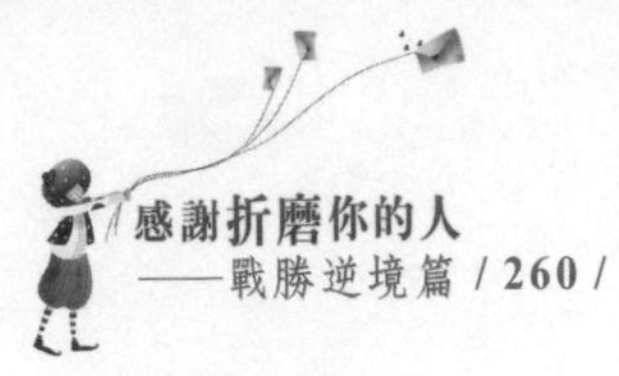

面對批評，不必忿忿不平

聽見批評時，不是停下來觀望，而是繼續前進，並不斷地修正與補強，如此才能從「你是錯的」進步到「你是最好的」。

沒有人一步就能飛躍天際，即使能一飛沖天，在尚未站穩雲端的情況下，隨時都有跌下來的危險。

在一場名流雲集的宴會上，有個男子忽然從袋子裡拿出了一個小套子，接著對大家說：「親愛的朋友，我們都需要這樣的套子。」

他這個奇怪的舉動，很自然地吸引了在場所有人的目光，但是，他們沒有想到那竟是一個「保險套」。

他這個舉動讓現場的氣氛登時凝重了起來，許多人搖著頭說：「他該不會是來搞破壞的吧？」

忽然，美妙的音樂響起，瞬間沖掉了尷尬的氣氛，畢竟對這些保守派的貴族們來說，這個奇怪男子的出現，簡直就是一場噩夢。

正當他們準備在大廳裡翩翩起舞時，男子竟開始忙碌起來，他穿梭在人群之中，並悄悄地將保險套當作自己的名片，認眞地發給現場的每一位男士，至於遞給女士們的，卻是五顏六色的避孕藥。

從這天晚上開始，男子遭受到來自各方的指責，面對這些前所未有的壓力，男子似乎有點承受不了了。

在這些斥責聲中，他忽然對於自己的事業產生了懷疑。

但是，就在這個時候，泰國國王卻對他說：「我覺得你這樣做沒有什麼不妥，那是你的事業，一旦你放棄了，你仍然將聽到責罵聲。但是，只要你努力下去，

你就會聽到另一種聲音，只要你改變了他們的價値觀。」

聽見泰王的支持，男子從此更加積極地推廣安全性行爲的計劃，他不僅在貴族的宴會上宣傳，連在公衆場合中也大方推廣著，甚至還請商人在各式女用衣物中，印上「一天一個保險套，就不用找醫生」的標語。

但他的每一項推廣行動，仍然讓許多人困擾不已，因爲許多人還是沒能了解他的宣傳目的與用意。

但在男子的心中有這麼一個信念：「沒關係，只要能讓人們從計劃生育和性的薄紗中解脫出來，相信不久的將來，大家便會懂得這個小玩意，其實是個有趣而又文明的東西。」

經過十多年的努力，男子的付出終於得到了回報，因爲出生率一直居高不下的泰國，在他的戮力推廣下，終於不再承受出生人口過高的壓力了，幾年下來，全國的人口成長率從百分之三降到了百分之一。更重要的是，因爲保險套的廣泛使用後，愛滋病的傳染情況也有了減緩趨勢。

如今，這個男子的名字可說是泰國避孕用品的代名詞，泰國人甚至還視他爲

民族英雄，他的名字就叫麥克爾．威達。

後來，美國總統雷根宣誓就職時，麥克爾．威達爲了表示賀忱，特別寄送一封祝賀信給他，隨信還附了一盒保險套和一張免費進行避孕手術的小卡。幽默風趣的雷根，一看見這樣的小禮物，不禁面露微笑，並請助理回信，信中他寫著：「嗯！你的事業可以與上帝的事業媲美。」

「開始之時，總是最辛苦的！」看見麥克爾．威達終於成功的情況，這句話再次獲得了證實。

但是，當我們再看見麥克爾．威達，不畏艱難繼續前進的努力時，相信許多人也得到了不少激勵吧！

很少有人能只有一步就踏上成功的目標，過程中必定有許多挫折。所以，當麥克爾．威達累積了那麼多的辛苦腳步後，我們也看見他長久發展的事業，更看見他從中印證的人生價值。

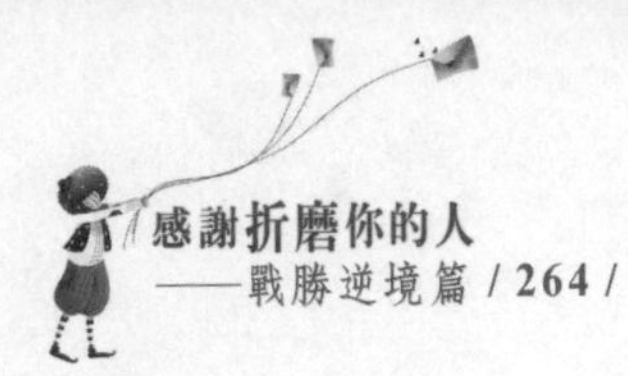

有阻礙，我們就越要有挑戰的勇氣，就像泰王對麥克爾．威達說的：「即使你退縮了，人們的批評聲浪並不會因此而消滅，反而會因為你的退縮，讓人們有更多的理由，批評：『你是錯的！』。」

所以，聽見批評時不必忿忿不平，我們下一步眞正要做的，不是停下來觀望或轉換跑道，而是繼續前進，不斷地修正與補強，如此我們才能從「你是錯的」進一步到「你是最好的」。

不要讓你的企劃書變成一堆廢紙

如果我們有鍥而不捨的「執行力」和「決心」，計劃表上的白紙黑字必定能逐一實現，而不會是一堆不斷被回收的廢紙。

看看手中的企劃書，從第一項到最後一項，你發現哪一項是最艱難的呢？別擔心，越困難，你就越要堅持下去，越要有突破的毅力，因爲幾乎所有的奇蹟，都是在最艱困的時刻出現。

一九六八年的春天，舒樂博士立志在加州建造一座水晶大教堂。他向著名的

建築師菲力普表達自己的構想：「我要的不是一座普通的教堂，我要在人間建造一座伊甸園。」

菲力普問他：「那你的預算有多少？」

沒想到舒樂博士竟說：「我現在一分錢也沒有，所以不論預算是一百萬美元，還是四百萬美元，對我來說都沒有區別，重要的是，這座教堂本身要具有足夠的魅力來吸引人們捐款。」

菲力普點了點頭，最後他估算出教堂的所需花費，預計是七百萬美元。

當天夜裡，舒樂博士拿出一張白紙，接著在最上面寫上「七百萬美元」，然後又寫下十行字：「一、尋找一筆七百七十七美元的捐款；二、尋找七筆一百七十五美元的捐款；三、尋找十四筆五千零七十七塊美元的捐款；四、尋找二十八筆二千五百七十七美元的捐款；五、尋找七十筆一千零七十五美元的捐款；六、尋找一百筆七百七十七美元的捐款；七、尋找一百四十筆五百七十七美元的捐款；八、尋找二百八十筆二萬五千美元的捐款；九、尋找七百筆一萬美元的捐款；十、賣掉一萬扇窗，每扇七百美元整。」

六十天後，舒樂博士用水晶大教堂奇特而美妙的模型打動富商約翰．可林，他立即捐出了第一筆一百萬美元。

第六十五天，一對曾聽過舒樂博士演講的農民夫婦，捐出了第一筆一千美元；第九十天時，一位被舒樂博士感動的陌生人寄來了一張一百萬美元的支票。八個月後，一名捐款者對舒樂博士說：「如果你的誠意與努力能得到六百萬元，那剩下的一百萬元由我來支付。」

第二年，舒樂博士以每扇五百美元的價格，請求美國人認購水晶大教堂的窗戶，付款的辦法爲每月支付五十美元，分十個月付清。

六個月內，一萬多扇窗全都售出。一九八〇年九月，歷時十二年，可容納一萬多人的水晶大教堂終於完工，那是一座世界建築史上的奇蹟與經典，也是前往加州的人必定會去瞻仰的勝景。水晶大教堂最終的造價爲二千萬美元，這筆錢全靠舒樂博士一點一滴地籌集而來。

有人說，舒樂博士的水晶教堂是一項奇蹟，這的確是個令人讚嘆的奇蹟，甚至也是項空前絕後的紀錄。其實，我們從舒樂博士的筆記中，便看見他貫徹執行的決心，當他寫好了這十項募款計劃，相信他也已經清楚地看見了募款的目標。

面對我們訂下的任何計劃，你是否也曾像舒樂博士那樣充滿自信呢？

奇蹟不是一個意外的結果，而是我們原本就計劃好的成功目標。之所以會被人視為奇蹟，那是因為多數人在評估企劃書時，低估了每一個人的潛能，也在不斷地遭遇困難的過程中，忽略了一路累積下來的成功階梯，於是當計劃依步驟完成之時，仍陷在「質疑的氣氛」中的人們，這才不經意地發現：「竟然成功了！」

看完故事，我們也看見了絕對的「執行力」與一定成功的「決心」，是水晶教堂成功建成的重要基礎。

如果我們有鍥而不捨的「執行力」和「決心」，計劃表上的白紙黑字也必定能逐一實現，而不會是一堆不斷被回收的廢紙。

在關鍵的時刻要有關鍵的決定

生活中，我們要小心踏著每一個步伐，面對危險時，能懂得把握關鍵時刻，才能掌握住人生的最重要時機。

面對困難的時候，多數人都習慣先停下來，評估其中的嚴重性，然後才決定下一步的動作。

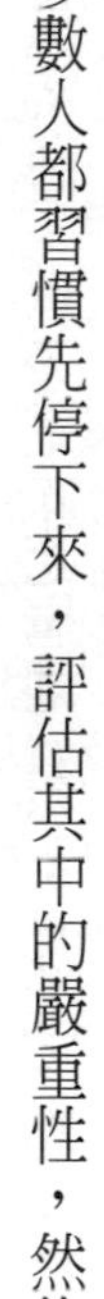

但接下來的行動，卻經常有人因爲錯估形式，讓事態更爲嚴重，甚至就此失去了補救的機會。

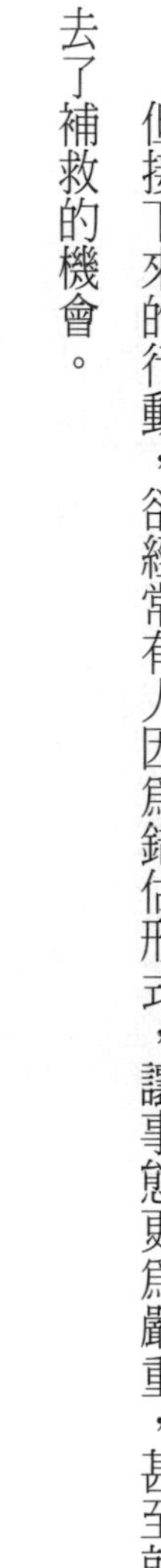

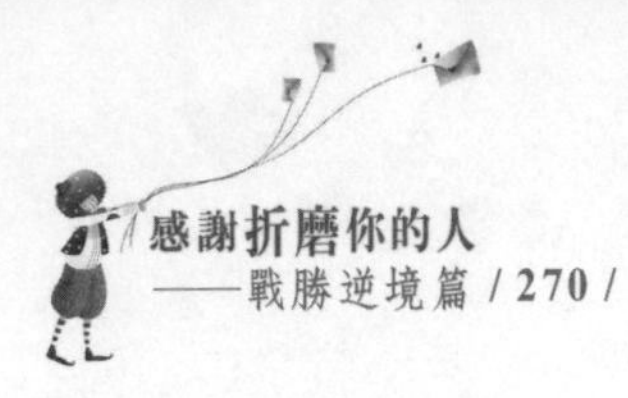

有個男子正開著車在茫茫的荒漠中行進，然而就在夜幕低垂之時，車子忽然停止不動了。

男子看了看油錶，放心地說：「原來沒油了！」

於是，他開門下車，走到後車廂中取出預備的油料。

但就在這個時候，他卻發現，遠處的荒漠中隱約閃爍著無數個可怕的光點。當那些暗藍色的光點慢慢逼近時，男子這才吃驚地發現，那些光點竟然來自一群看起來相當饑餓的狼。

只見男子立即回到駕駛座裡，大氣也不敢出一聲，他沉著氣，安撫著自己的情緒：「放心，我不會被狼群發現的。」

但是，男子忘了野生動物們靈敏的嗅覺，一下子，惡狼便將車子重重包圍，還陰森森地吼叫著。

忽然，有隻膽大的狼跳上了車頂，接著又站立在駕駛座前方，透著玻璃惡狠狠地盯著他看。這時，男子不禁嚇了一身冷汗，驚慌之間，他的手忽然碰觸到座位下的一把用來防身的獵槍。

只見他微微地開啓玻璃窗，並對著外面的狼群放了一槍。

「砰！」在這寂靜的荒漠中，槍聲相當響亮，當然也驚嚇到狼群，只見牠們四下逃竄，躲得遠遠的。

看著狼群離他遠去，男子放心地吐了口氣，靜靜地坐在座椅上，並在座椅四周尋找其他子彈。

時間過了十五分鐘後，男子這才突然想到：「我在做什麼？我應該先把車子加滿油，快點離開才對啊！我怎麼這麼蠢啊！」

但是，錯失了第一時間的他，一打開車門時，只見狼群迅速地席捲而來。

第二天清晨，路過的司機發現現場的慘況，無不納悶著：「咦？他車廂裡有油啊！爲什麼不快點加滿油後離開呢？」

從這個小故事當中，看著錯失了第一求生時機的男子命喪荒野，不知道你得到了多少啓發？

生活中，我們當然要小心踏著每一個步伐，但無須給自己過度的恐嚇，讓生活過得太緊張。

面對危險，在小心翼翼地跨越之時，能懂得把握關鍵時刻，才能掌握住人生的最重要時機。

就像故事中的男子，是躲在車廂裡休息片刻重要，還是立即衝出車外，將油箱加滿才是上策呢？在這攸關性命的片刻，能迅速地多一個轉念，男子自然能保住性命。

要讓自己的錢花得更有價值

新的價值觀念正在這個世界轉動，收穫和付出是同時並進的，而有出才有入的循環原理，也開始在資本社會中建立。

金錢財富難得卻易失，如何精確地運用手上的財富，讓錢花得更有價值，確實是努力累積財富的人，應當時時反省的課題。

有一天，比爾·蓋茲與一位友人開車，準備前往希爾頓飯店開會。當他們到達目的地的時候，因為一時之間找不到車位，使得出席的時間更加緊迫了，這時

友人因爲擔心遲到，連忙建議道：「不如，我們把車子停在飯店裡的貴賓車位。」

但是，沒想到比爾．蓋茲居然反對說：「不行，那要花十二塊美元，這個價錢很不合理。」

朋友看見比爾．蓋茲這麼反對，便大方地說：「這車費由我支付。」

未料，比爾．蓋茲仍然搖了搖頭，正色地說：「不行，那是飯店不合理的收費，我們怎能屈就？」

無法說服比爾．蓋茲的友人，最後只好聽從他的話，將車子停到對面街道上的停車位。

於是，這位每秒有二千五百美元進帳的世界首富，被許多不懂財富原理的人們開玩笑地說：「就算比爾．蓋茲掉了一張一萬美元的支票在地上，也不應該去撿，因爲，他只需要利用這彎腰的五秒鐘時間，就能賺進一萬二千五百美元！」

同時，還有不少整天夢想成功致富的人質疑比爾．蓋茲，不肯把車子停在貴賓車位上，未免也太過小氣了。

關於這點，比爾．蓋茲曾經說：「等你有了一億美元的時候，你就會明白，

錢不過是一種符號罷了。」

然而，看似小氣、愛計較的比爾．蓋茲，卻和妻子在近五年的時間裡，付出了十億美元以上的社會捐款。

鋼鐵大王卡耐基曾說：「一個人在富有中死去是一種恥辱。」

我們看見越來越多富翁，致力於社會公益，他們不斷地累積財富，也越來越不吝於回報社會，甚至有許多人將財產的捐獻，視爲一種流行時尚。

就像華納公司老闆泰德．華納，在一九九七年曾做過的一項驚人決定，他以一年捐資一億美元的進度，要在十年內捐資十億美元給聯合國，好讓他們能更順利地推展慈善事業。

新的價值觀念正在這個世界轉動，有更多的人相信，收穫和付出是同時並進的，而有出才有入的循環原理，也開始在資本社會中建立，只是怎麼付出才是最好的，仍然困擾著許多人。

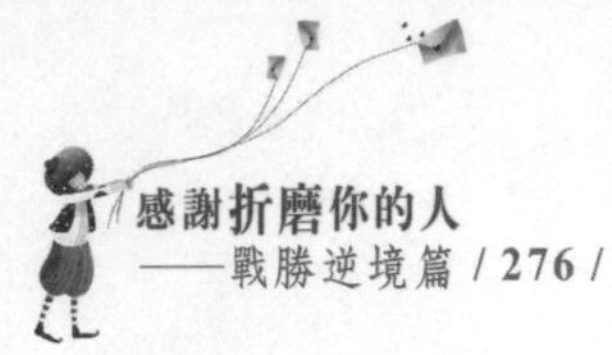

我們不妨聽聽華納決定捐資聯合國時所說的話：「我在此想請全世界的富豪們注意，請你們聽聽我的捐助理由，我認爲，世界上最快樂的事莫過於付出的快樂。」

怎樣的付出才會得到眞正的快樂？

或許，從華納的宣示中，我們可以得到啓發。

PART 8

樂觀與悲觀只在轉念之間

悲觀的人總是在開心時忘了如何微笑，
而樂觀的人卻總能在不開心時重現笑容。

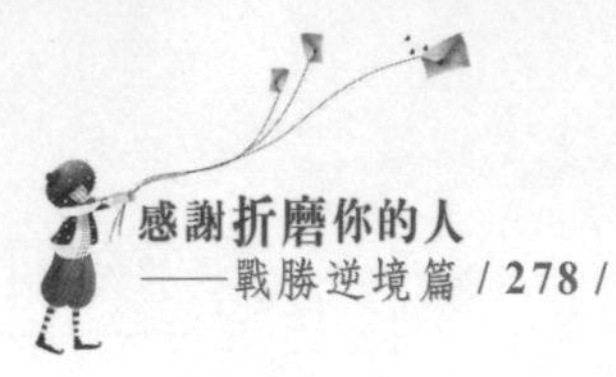

想佔上風，請先保持冷靜

懂得忍讓的人從不感到委屈，他們之所以自發地退讓，是因為他們在冷靜退讓後的角度中，看見了另一片更寬廣的發展空間。

作家萊文曾經寫道：「痛苦的磨練對於肯面對它的人，是一塊墊腳石，但是對於只會逃避它的人，則是一塊絆腳石。」

遇到痛苦和折磨，如果選擇轉身逃避，那麼這些痛苦折磨就會成爲你向下沉淪的拖陷力量，但是，只要願意面對，那麼這些痛苦和折磨就會成爲超越人生困境的主要動力。

跟著情緒行動的人，失去的機會一定比保持冷靜的人還要多，因爲依靠情緒

行動的人，很容易讓自己的缺點完全曝露，對手將一眼識破他的弱點。

格拉斯今天將和一位非常難碰面的人約會，在希爾德公司擔任銷售經理這麼多年，他爲了與這位重量級的客戶見面已經等了很久了。

這天，他們約好上午九點整在客戶的會客室見面，格拉斯一直等到了九點半才看見這個人走出辦公室。

然而，這位客戶似乎並沒有發現格拉斯，直接走向秘書桌邊與同事說笑，接著便又走了他的辦公室中。

等到十點時，格拉斯忍不住問接待的秘書人員：「請問，布萊克先生什麼時候能見我？」

秘書冷冷地看了格拉斯一眼，不悅地回答道：「我不知道，他正在忙，你再等一會兒吧！」

格拉斯有些埋怨地說：「他很忙嗎？我剛剛還看見他走出來聊天啊！」

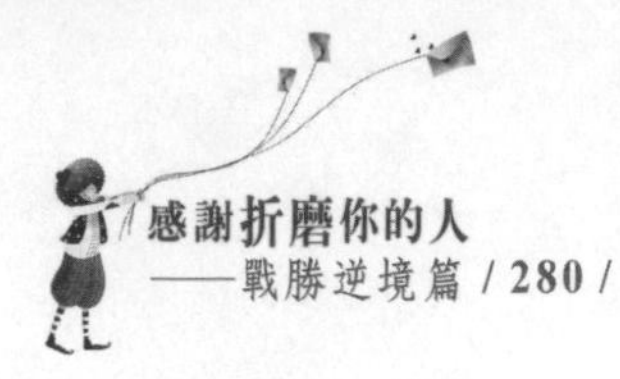

秘書回答：「總之，他有時間見你的時候，自然就會出來見你！」

格拉斯聽見秘書如此高傲，情緒有些被挑起，就在發作前，突然想起了自己在當拳擊手時，教練送給他的一句話：「不要生氣，當別人生氣的時候，他們必定會得到反效果，如果你能保冷靜，最終你一定能佔上風。」

於是，他不斷地提醒自己：「冷靜，不要讓憤怒佔上風，否則你會讓自己曝露在危險中，任由對手擺佈。」

枯坐在接待室裡思索的格拉斯，看著自己名片上的「銷售經理」四個字，忽然意識到：「看來，他一定是故意要激怒我！不行，如果我眞的被一時的情緒影響，恐怕無法理智地發揮自己的能力，格拉斯，你一定要冷靜地接受考驗。」

格拉斯在接待室裡與自己爭鬥一番後，情緒終於緩和了下來，只見他滿臉微笑，耐心等待著：「他最終會來找我的，當他朝著我走來時，我便知道是誰佔上風了！」

想像自己也正如故事中的格拉斯一般，遇到了相同的為難景況，然後再試著想像，面對這樣的情況你會怎麼處理？

是像格拉斯般不斷地告訴自己：「我知道他是想考驗我，格拉斯，你一定能把情緒冷靜下來，反正你時間多得是！」還是會情緒一挑，憤憤不平地說：「少了你這筆生意又怎樣？我就不相信沒有其他的機會！」

其實，無論哪一個想法都有積極正面的意義，只是後者受制於情緒上的情況更多於前者，而我們都知道，容易受制於情緒操控的人，無論在什麼樣的情況下，確實很容易失去最好的機會。

懂得忍讓的人從不感到委屈，他們之所以自發地退讓，是因為在冷靜退讓後的角度中，看見了另一片更寬廣的發展空間。

他們更知道：「只要我們比別人更加冷靜，不僅什麼也不會失去，反而有機會得到人們讓步的空間。」

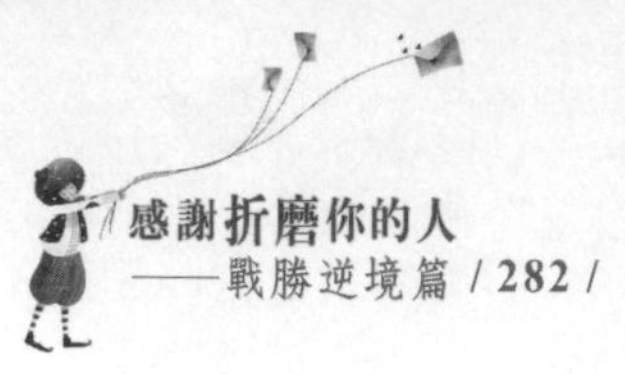

少計較才能讓成功長駐

聰明的商人懂得在絕對「計較」的觀念裡，找出「不計較」的商量空間，好讓對方心甘情願地讓出一片更寬廣的空間。

伊索在寓言故事集裡提醒世人：「有些人因為貪婪，想得到更多的東西，卻把現在所有的也失掉了。」

無論我們處在什麼樣的環境，目光都要放得長遠，細心地照顧對方的需要，不過分計較自己一時的得失，反而更能讓自己獲得長久的利益。

福斯特的公司曾經與弗萊公司有過一年的合作關係，當時福斯特以市場上既定的價格，向弗萊公司購買一些原料物件等。對弗萊公司來說，福斯特是他們當時最重要的客戶之一。

有一天，弗萊公司的副總裁伍德沃德與福斯特連絡，希望能與他在匹茲堡見面，討論合約上的一些問題。

福斯特提早一天抵達，一夜的休息與思考，讓他在第二天早上與伍德沃德見面時，便猜出對方提出見面的原因了。

果然，一如福斯特預料的，對方一見面便說：「我仔細地看過目前雙方簽定的合約，然後我發現，我們現在恐怕無法照著合約上的價格，供給您們這些材料了，因爲那實在不敷成本。」

一般人聽到這裡幾乎會這麼想：「是嗎？想提高價錢了是吧！那麼我們七個月後再談吧！」

一般供應商聽到客戶這麼說，也幾乎都會退讓，會繼續照著合約供貨，但是彼此之間的合作關係恐怕會越來越不愉快。

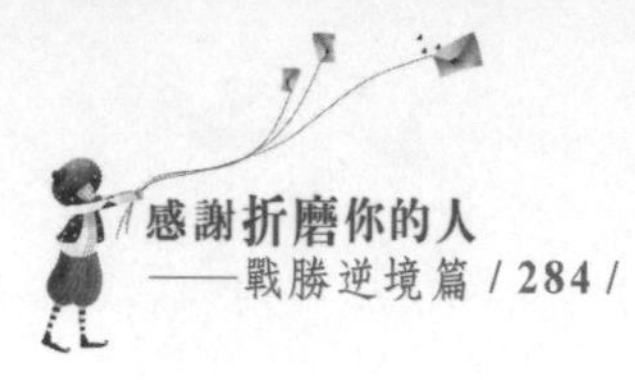

但是，事業剛有起步的福斯特心裡卻想著：「我的確很需要一個穩固且能長期合作的供貨商，他們提供的材料品質一直都很穩定，在價格方面，我們似乎也該有些讓步！」

於是，福斯特問：「那麼這紙合約您希望怎麼修改？」

伍德沃德說：「在材料價格我們希望能改爲二十元。」

接著，伍德沃德向福斯特解釋物價調漲的原因，福斯特仔細聽完他的解釋後，點了點頭，接著又拿出了一張紙，並在上面寫下一個數字。

伍德沃德一看，吃驚地說：「二十五塊？我剛剛是說，我只要調漲到二十元就好！」

福斯特笑著說：「我知道，但是我願意支付二十五塊。」

伍德沃德又問：「爲什麼？」

福斯特沒有多說什麼，只問：「請你告訴我，你們打算在新合約上簽多長的合作時間？」

伍德沃德想了想，說：「三年！」

福斯特一聽，滿意地點了點頭。

於是，在新合約上，福斯特得到了一個長期合作的承諾，而伍德沃德則得到了一個好的價錢與重要客戶。

伍德沃德回到公司報告之時，全公司的人幾乎認定他是個英雄，至於福斯特，則在飛機上想像著，弗萊總裁向公司員工說的話：「嗯，對方願意主動多給我們五塊錢，證明他是個値得長期合作的伙伴。」

在傳統的商場競爭觀念中，大多數人的認知是「錙銖必較」、「分毫不差」，在即使只有一塊錢也要競爭的財富計較中，又有多少人眞正地獲得了「計較」後的好處呢？

一個聰明的商人懂得在這絕對「計較」的觀念裡，找出「不計較」的商量空間，好讓對方因爲自己的讓步，心甘情願地讓出一片更寬廣的空間，一如故事中的福斯特便是最好的例證。

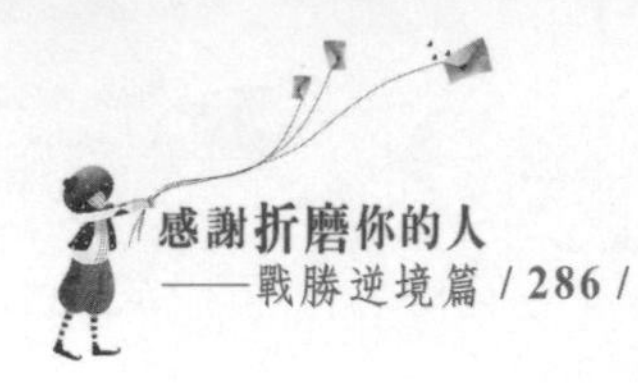

也許有人想提出質疑：「多出來的五塊錢，在成本計較與盈收利潤的計算時，累積出來的數目可不小啊！」

就白紙黑字上的金錢計較，成本累積確實不小，但若是從長遠的角度來看，建立一個穩定且可靠的合作關係，不正是人們最渴求的目標嗎？

對福斯特來說，「長期合作」與「原料品質」的可靠性，絕對比當下的金錢計算來得更爲實際。

他的故事提醒我們，不要管金錢收入的一時起跌，而要認眞地在商場上建立一個紮實的根，只要守住了根本，我們自然能等到枝葉茂盛的豐收結果。

狐狸尾巴比它的身體還要長

談判並不需定唇槍舌劍，很多時候用一個巧妙的比喻或清晰的形容詞彙，反而更能讓人了解對方的需求與目的。

作家班．瓊森曾說：「能夠用語言表達自己的想法，是人類優於其他動物的地方。在言談中，詞彙是軀體，語言是靈魂。」

在談判桌上，想要爭取自身應有的利益，並尋求對方能夠接受的退讓空間，就一定要用心地累積和活用生活智慧，因爲成功的談判技巧很難從刻板的理論中獲得。

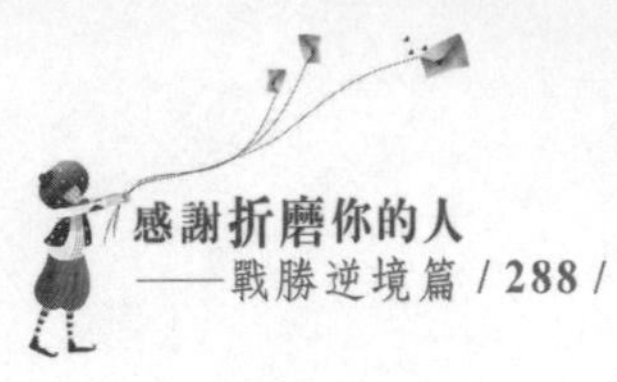

為了伊朗石油價格的問題，伊朗首相穆罕默德決定和英國人進行一場石油談判，好為他的國家多爭取一些利益。

不久，英國派來了一位著名的經濟專家蒙夫里爾．哈里曼。

兩個人坐在談判桌上，穆罕默德首先開出條件：「我方認為，目前的原油價格實在太低了，我們想要調漲一成。」

哈里曼一聽，滿臉為難地看著穆罕默德，接著說：「首相，在談判桌上我們應當理智地討論問題，您說是不是呢？」

穆罕默德點點頭說：「那當然！」

哈里曼看著穆罕默德同意他的說法，便又積極地說話：「那麼，我們就必須共同遵守一些原則，是吧！」

穆罕默德側著頭想了一會兒，接著又問：「要遵守什麼原則？」

只見哈里曼滿臉自信地說：「譬如，我們很少看見一件東西的局部獲利，竟

比它整體的價格還要大，不是嗎？」

聰明的穆罕默德聽見這位經濟專家這麼說，只笑著問：「是嗎？你認爲這個原則眞的站得住腳嗎？如果您的學識果眞非常淵博，那麼您應當知道，狐狸的尾巴不是比牠的身子還要長嗎？」

哈里曼與一同前來的英國官員，聽見穆罕默德這個絕妙的比喻，都忍不住笑出聲來。

最後，哈里曼對他說：「是的，您說的沒錯！」

談判並不需定唇槍舌劍，很多時候用一個巧妙的比喻或清晰的形容詞彙，反而更能讓人了解對方的需求與目的，就如同故事中的穆罕默德，用具體的事物來駁斥哈里曼佔據利益的企圖心。

其實，坐在談判桌上，沒有人不爲自己的利益著想，然而如何才能「創造雙贏」，這才是具有合作關係的雙方應該認眞思考的方向。因爲，無論在什麼樣的

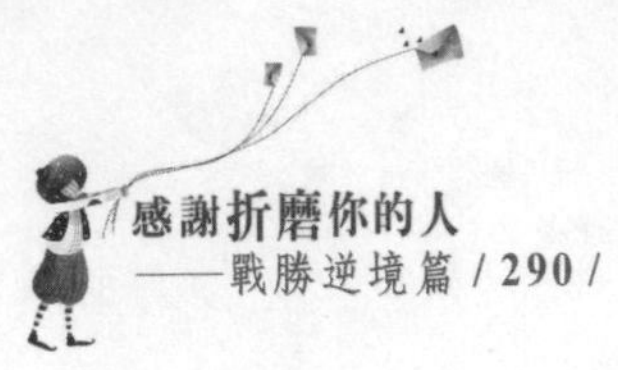

競爭關係中，共謀雙方的利益，始終都比單打獨鬥所掙得的好處來得更加永久。

所以，我們不必扯破臉對立，而是要在顧及對方情緒與立場的態度中，聰明地將問題換個角度切入，就像穆罕默德從狐狸尾巴比身長的對比中，學習談判高手的想像與機智。

在他靈活反應的表現能力中，我們領悟到：「從日常生活中累積談判的素材，並學會活用生活中的物件來做例證與對比，如此，更能迅速地獲得對方的接納與妥協。」

樂觀與悲觀只在轉念之間

悲觀的人總是在開心時忘了如何微笑，而樂觀的人卻總能在不開心時重現笑容。

人生沒我們想像中那麼沉重，日子也沒我們以為的那麼難過，很多時候只要轉個念頭，用輕鬆的心情面對，就不會讓煩惱攻佔心頭。

不管日子再怎麼難過，你都得設法讓自己開心地過。

無論是悲觀還是樂觀的念頭，唯一能改變或掌控的人始終是我們自己，如果你希望能夠天天微笑，那麼你現在該進行的工作，正是對著鏡裡的自己說：「笑一笑吧！」

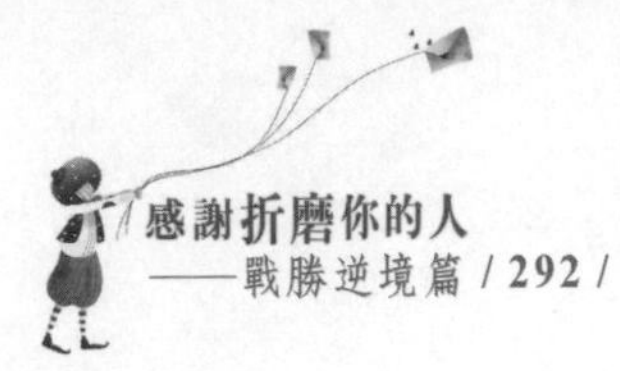

老陳育有一對可愛的雙胞胎兄弟，不過，兩個外表極其相似的男孩，在個性上與想法上卻是南轅北轍，一個是極端樂觀主義的追隨者，一個則是無可救藥的悲觀主義者。

在雙胞胎生日的這天，老陳想試試雙胞胎兒子面對事情時的反應與態度。於是，他在悲觀兒子的房裡堆滿了各種新奇的玩具與遊戲機，至於樂觀兒子房裡的東西卻是一堆馬糞。

晚上，老陳走過悲觀兒子的房門，卻發現兒子正坐在玩具堆中傷心地哭泣著。

老陳連忙著急地問：「我的寶貝兒子啊！你為了什麼事在哭呢？今天是你的生日啊！是不是玩具太少了？」

小男孩聽見爸爸的關切聲，竟哭得更大聲了，接著他還嗚咽地說：「不是玩具太少，而是我怕我的朋友們會嫉妒我，還有，這麼多玩具的使用說明書，我要讀很久後才能玩啊！而且，這些玩具要不斷地更換電池，最後還會壞掉，想了想，

我便忍不住地哭了起來。」

老陳聽見悲觀的兒子這麼說，無奈地嘆了口氣，拍了拍兒子的肩膀後，接著又安慰了幾句便離開了。

過了一會兒，他走進了樂觀兒子的房間，卻發現，這個兒子竟然在馬糞堆裡快樂地叫喊著。

老陳好奇地問兒子：「我的寶貝兒子啊！什麼事讓你這麼開心呢？」

男孩眉開眼笑地說：「咦？我當然高興啊！爸爸，我知道這附近一定有匹小馬！你說是不是？」

老陳聽見樂觀兒子的想法，忍不住笑著點了點頭，他心中盤算著：「等會又要去花錢了！」

雖然我們都知道，樂觀與悲觀只是一個轉念，但是當我們完成了這個轉念之後，它卻足以影響我們一輩子。

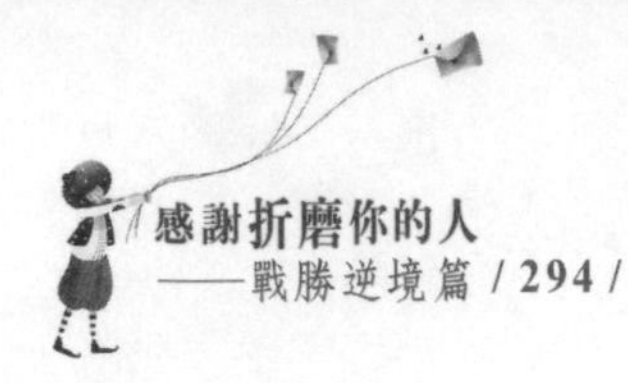

懂得轉化悲傷或化解傷痛的人，就像故事中那個樂觀地將「馬糞」聯想至「小馬」的男孩，一個相信陽光隨時都會出現的人，自然是處處皆黃金，即使生活再辛苦，也會積極生活。因爲，對他們來說：「遇見風雨是正常的，陽光始終都會出現。」

反之，生活充滿悲觀擔憂的人，一如故事中的悲觀男孩，即使外面陽光普照，他也會擔心：「午後恐怕會有一場雷陣雨！」

無論是悲觀主義者或樂觀主義者的人生，都一樣會在開心與不開心的情緒中轉換，只是悲觀的人總是在開心時忘了如何微笑，樂觀的人卻總能在不開心時重現笑容。

然後，我們從這樣的比較中發現，樂觀積極的人都是調解心中快樂與悲傷的高手，對他們來說：「能夠建造成功快樂人生的人，只有我自己。」

培養生活樂趣，尋找生活創意

眼前事物是單調，還是創意無限，無法靠著事物本身的表現去獲得，因為，一切得發揮你我的積極想像。

西班牙作家伊巴涅斯曾經在他的著作裡寫道：「人的才能就在於使生活快樂，所謂的創意，就在於在於用燦爛的色彩，使陰暗的環境明亮，使生活中枯燥乏味的事物變得有趣。」

穿著一套T恤、短褲到沙灘上走走，等待大自然的自在與遼闊來開啓我們的心，然後，我們便能從中找到生活的樂趣，快樂地將生活中的喜怒哀樂事一一轉變爲生活創意的來源。

喬亞帶著孩子們正在沙灘上玩耍，忽然孩子們全來到喬亞身邊撒嬌：「爹地，快來和我們玩沙堆！」

為了滿足孩子們的要求，喬亞便加入了他們的堆沙堡行動。

沙堡越堆越大，但是喬亞卻對這個沙堡的造型相當不滿意，心想：「這個『建築物』看起來眞醜，這個由一桶又一桶沙子堆起的物體，實在太平淡無奇了，一點樂趣與美感都沒有。」

喬亞在心中想像著，下星期還要再堆這種無聊的玩意，心中竟生起了一陣厭煩感，喃喃道：「如果，下星期還要跟孩子們花上好幾個小時剷沙土，那麼我就得想點花招和變化才行。」

於是，為了讓他手中的第二個沙堡更美更好，喬亞回到家後，便經常把自己關在屋裡，仔細研製一些裝沙的造型模子。

周末再次到來了，孩子們果然又要父親堆沙堡了。

喬亞朗聲回應一聲後，接著他便從包包裡拿出了各式模具，孩子們看見滿地形狀各異的彩色塑膠模型，都忍不住驚叫連連：「爹地，這是什麼啊？」或是：「爹地，你是不是要建造一座皇宮啊？」

孩子們好奇又興奮的聲音越來越高昂，喬亞面對著孩子們的歡笑聲，只輕輕地回以一個微笑，接著便一邊專心地製作心中的美麗沙堡，一邊則向好奇的孩子們介紹他設計的這套沙堡的「施工設備」。

一個小時過去了，在他身邊聚集了越來越多的人，他們對於喬亞的工具與獨特的建築物都充滿了好奇與讚嘆。

幾個周末過去了，喬亞的工具越來越多，沙堡的造型也越來越多元、精緻。這天，他做完新的沙堡後，忽然想：「我的這些創意工具應當與大家一起分享才對啊！」

於是，他下午便帶著自己的塑沙模型來到一間玩具公司。

他仔細地向老闆介紹這些工具的使用方法與樂趣，很快地，老闆也被吸引了，立即說：「我們可以立即簽約，不過，我有個條件，你必須不斷地開發出新的模具。」

喬亞聽到老闆的最後一個條件，忍不住停頓思考了一會兒，接著他說：「我很願意繼續研發玩具，但是以我目前的工作與生活情況，恐怕……」

玩具公司的老闆笑著打斷了他的話：「我明白，所以我希望你能只爲我們公司工作，至於設計費用，只要你希望多少，我們便提供多少，如何？」

喬亞不敢相信地看著老闆，接著開心地點了點頭。

從此，人們便看見喬亞天天穿著短褲在沙灘玩耍，一切只爲了世界各地的小朋友們，他要讓他們拿著各式各樣的沙堆玩具盡情玩耍。

站在相同的沙灘上，把玩著相同的海邊沙土，對你來說，眼前的沙灘有多少想像空間，有多少快樂感受呢？

站在沙灘上，爲何人們都無法暫拋遠方辦公室裡的文件，好好享受此刻的陽光、海洋呢？

眼前事物是單調，還是創意無限，無法靠著事物本身的表現獲得，一切得發揮你我的積極想像，就像故事中的喬亞，小小的沙粒能有如此多元的變化，靠的正是他對生活的熱情與想像。

不要認為生活是種折磨，希望有一個眞正快樂的生活，我們就要為生活找出更多的樂趣。當你與朋友們或孩子們一塊同樂時，便要像喬亞般充分地釋放自己，並在玩樂中盡情想像、享受生活，然後，我們才能從這樣的自在快樂的生活步調中，建構出屬於自己的美妙人生。

把中心點讓給對方站立

無論事情有多困難或有多少阻礙，懂得在第一時間捉住人心，那麼成功目標肯定已完成一半。

日常生活中，每個人都無可避免地必須與自己不喜歡的人打交道，工作之時也會難免遭遇一些商業談判。不要先入為主地認為對方很難搞，其實人心很微妙，只要採取適度退讓的態度，把中心點讓給對方，就可以達成預期的目標。

在談判的過程中，我們要把對方視為我們成功的中心，凡事都以對方的利益為考慮重心，並主動滿足對方的需要。如此一來，我們才能輕易地得到對方的積極配合，也更能培養出創造共同利益的默契。

有人認為安德魯·卡內基的成功，是靠著「重視別人的名字」這個獨特認知而成為舉世聞名的鋼鐵大王。

據說這個「命名」的創意最早發生在他小的時候。那時，還只是個孩子的卡內基和一群孩子們正在玩耍，不久他在草地上發現了一窩小兔子。

卡內基發現小兔子似乎餓了，但是卻沒有東西可以餵牠們，忽然他想出了一個妙方，對著其他孩子們說：「只要有人可以找到食物餵小兔子，那麼我就用你們的名字來為小兔子命名。」

孩子們一聽，立即四處找尋食物，而卡內基從中也獲得了不少啓發，特別是在他未來的事業上。

有一年，卡內基為了臥車生意之事和喬治·普爾門爭鬥了很久，當時卡內基的公司與普爾門的公司，為了爭奪聯合太平洋鐵路公司的生意，雙方互不相讓，經過一番廝殺，最後竟造成兩敗俱傷的局面。

有一天，卡內基忽然想起了兒時的這段往事，於是和普爾門在拜訪完鐵路公司的董事會後，相約在一家飯店碰面。

普爾門一踏入餐館，卡內基立即說：「晚安，普爾門先生，我想，我們還是停止爭鬥了吧！再這樣下去只會出洋相的！」

普爾門一聽，不解地問：「爲什麼這麼說？」

於是，卡內基將自己重新計劃好的事，仔細地說給他聽：「我認爲我們兩間公司可以合併起來！」接著，他將合作後的版圖與利益詳加說明，並將爭鬥的壞處仔細分析，然後進一步希望得到普爾門的認同與支持。

雖然普爾門聽得相當專心，但是當卡內基將計劃說完後，仍用懷疑的眼神問道：「那這間新公司叫什麼名字呢？」

卡內基毫不猶豫地說：「就叫，普爾門皇宮臥車公司！」

普爾門一聽，立即瞪大了雙眼，漫不經心的神情隨即變成滿臉精神的模樣。他聽到卡內基的「命名」後，立即說：「嗯，等會兒我們再到我的辦公室裡好好地討論一下！」

從心理層面來看，卡內基的成功是必然的，因爲一個懂得捉住「人心」的人，無論事情有多困難或有多少阻礙，當他懂得在第一時間捉住人心，那麼成功目標肯定已完成一半。

所謂「攻心爲上」，卡內基緊捉人性的虛榮心理，並退讓地以對方的「名字」作爲代表稱號時，也很清楚地區別了兩者的內在需求不同。普爾門是個名聲重於合作利益的人，而卡內基則是個尋求合作更重於名聲的聰明商人。

從中我們也很輕易地比較出，卡內基的未來將會超越每一個人的預測。

從故事中，仍然汲汲營營地追求成功的人，又得到了多少啓發？其實，卡內基的成功定律很簡單，他只強調一件事：「想成功，就要先放開私心，退讓出紅心點給對方站立。」

聰明的人不會只看見圓靶上的那個紅點，他們知道，把紅心視爲圓規的中心定點，才能劃出另一塊伸展無限的「圓」地！

用旁敲側擊的方式說出批評的聲音

在貼體對方心理與尊重對方的前提下，生動地以對比的方式找出問題的癥結，並建築出一個良好的溝通交流管道。

每個人都有人際方面的煩惱，但是，這些煩惱，通常都是太過於主觀造成的結果，只要換個溝通的方法，就不會自尋苦惱。

不管要講述什麼事情，都要換個角度，顧及對方的心理感受。

不是用激情的批評言語，就能點出對方的錯誤步伐，也不是用直率的批評言語，就能點醒對方的錯誤認知，因爲在高亢的批評聲中，人們經常無法清楚地辨識批評的重點。

有個國王一直認爲自己治國的成果，比起他的父親和祖父們來得好。

這天，國王忍不住向大臣們問道：「我的政績比起先祖和先父是不是比較好？如今我國境內的子民，是不是比從前過得更加幸福、安樂呢？」

大臣們聽見國王這麼問，一時間鴉雀無聲，這時有位老宰相便對他說：「吾王啊，這個問題恐怕要由同時經歷過您的祖父、父親與您的老人來回答，臣等恐怕無法給您答案。」

於是，國王立即下令，把那些同時經歷過國王及其祖父、父親統治的老人請進宮建言。最後，士兵們終於找到了一位老裁縫師傅，經歷三代王朝的他，駝著背走進了皇宮中。國王一看見老人家，便急切地問：「您經歷了我們祖孫三朝，那麼請您告訴我，我的政績如何？」

老師傅抬頭看了看國王，點了點頭說：「皇上，請您慢慢地聽我說！」

國王點頭答應，接著還賜座給老人家，老人坐下後便繼續說：「五十年前，正是您祖父掌理朝政的時期，那年發生了一場大風暴，成千上萬的房子一夕間全被吹翻了。當時，有一個路人提著許多沉重的袋子，身邊則跟著一位滿身都是首飾的婦人，他們爲躲避風暴來到我家的，那幾天，食衣住行全由我張羅、幫助，等到風暴過去後，我還用牛車送他們回去。」

說到這裡，宮女送來了一杯水給老人，老人喝了口水後，才又繼續：「等到您的父親執政時，我已經是個老頭子了，每當想起那次大風暴，我總是想著，那天我爲什麼不求回報呢？我應該向那個富人要點銀兩的才是，我眞是太笨了！你想想看，當時家裡來了個財神爺，我竟然能夠什麼也不求地送他們回去，是不是很笨呢？現在，每當我想起那件事，就十分後悔！」

老人家輕鬆地說完故事後，也沒有抬頭多看皇上一眼，只漫不經心地看了看皇宮四周。聰明的國王聽完老師傅的話後，也很快地明白其中的意思，他明白：「祖父的政績比父親好，而父親的政績則比自己好，總之，我治國的情況是最糟糕的！」國王從老人的話中話裡聽出了自己的問題，從此不再自傲於自己的大小政績，開始學會謙卑，並著手改進自己的治國態度與政治理念。

從列舉三個朝代中生活態度的變化，輕輕地點出不同朝代下的心態轉變，我們很輕易地看見了老人家對於三朝的評比。

這是老人家的人生智慧，沒有直接評論國王的功過，而是從同一件事在內心轉變的過程，點出執政者的治國能力越來越差，同時也點出了不同時期的問題所在，這種旁敲側擊的提醒方式，確實更能發人深省。

沒有人不需要批評的聲音，只是我們能否活用生命經歷，在貼體對方心理與尊重對方的前提下，生動地以對比的方式找出問題的癥結，並建築出一個良好的溝通交流管道？這或者正是焦躁的現代人所迫切學習的智慧。

其實，在日常生活中，我們都曾經是傾聽意見的人，也曾是提供建言的人，什麼樣的話語最能觸碰人心，也最能得到期盼的回應與接納，相信在每個人的心中都有一個標準。只是，是否能遵照這個標準，提出良善建言，進而得到對方的接納與改進意願，這些都得靠聰明的你努力推敲琢磨。

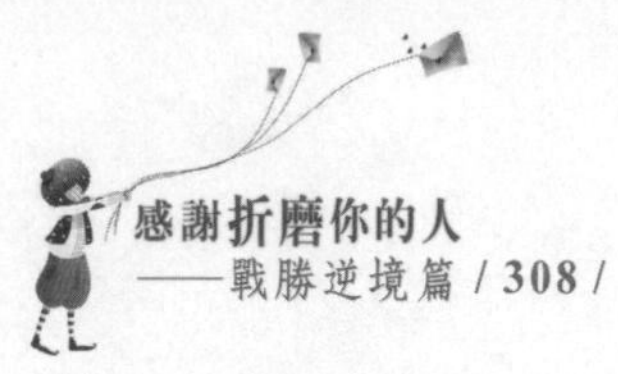

不斷自我充實，才能更上層樓

唯有不斷充實自己，接觸新知，極力發掘自己的潛能，才能將明天的色彩揮灑得更加精采。

英國詩人柯立芝曾說：「從無知到有知，不是一蹴而就的，而需要經過一個朦朧的過程，甚至像從黑夜進入白晝要經過拂曉一樣。」

確實如此，人生就是不斷追求智識、不斷充實自我的過程，如果僅僅擁有某些技能就四處吹噓，那就成了沒知識又不懂得掩飾的愚人了。

這樣不懂得精益求精的人，就算暫時得到虛名，或自認爲可能有什麼傲人的成就，到頭來也只不過空歡喜一場。

有一個很出名的樂師，傳言中，只要聽過他的演奏或唱誦歌謠，健康的人會感到心靈喜樂，生病的人也能很快痊癒，於是這位樂師的名聲便不脛而走，大家談到他，莫不大加稱讚。

這麼出名的樂師，名氣很快傳進京城國王的耳朵裡，國王便邀請這名樂師到宮廷內演奏，並允諾支付一千個錢作爲回報。

樂師欣然前往京城，渾身散發出一股傲人的自信，對在宮外迎接他的大臣們絲毫不予理會，逕自昂首闊步走入宮內。

向國王行禮後，他擺好古箏，琤琤琮琮地彈奏了一首接一首的古樂，國王聽了一會兒，眉頭卻皺了起來，專心演奏的樂師一點兒也沒察覺。

演奏完後，樂師收拾好行囊，國王一語不發，樂師忍不住提起：「您不是說要賞賜給我一千個錢？」

「我是很想呀！但是你的演奏實在沒有那個價值，讓我大失所望！你的演奏讓我空歡喜一場；我允諾你的一千個錢，也只是讓你空歡喜一場罷！」

這位樂師縱然享有盛譽，但是經國王的測試便露出馬腳了，這就像現在的大學生常被企業詬病的名不副實的情況。

由於大學幾乎成了基本學歷，一張大學文憑已經不能代表什麼，而且大量出廠的大學生素質水準一屆不如一屆，其中摻雜了太多變因，許多人頂著名校頭銜卻身無一技之長，成長的過程又太過順遂，養成了眼高手低的習性。這些因素下，不單是求職人辛苦，老闆也難爲。

陷入形式主義的泥沼，現在的社會新鮮人不再有熱情的夢想與原則，價值觀也模糊了起來。單有學歷不夠，除了學歷，還需要虛心與熱情，才能突破現狀，樂在工作。絕不能像一灘停止流動的水，只等著老死。

時時懷抱著謙遜的心，就能擁有不斷前進的動力；唯有不斷充實自己，接觸新知，極力發掘自己的潛能，才能將明天的色彩揮灑得更加精采。

PART 9

成功只有途徑，沒有捷徑

「肯付出，不怕辛苦！」
這幾乎是所有成功者踏出第一步後的重要寫照，
因為他們堅持相信：「有付出就一定會有收穫！」

面對不合理絕不輕易讓步

我們退讓一步，如果已經讓對方達成前進的目標時，接下來我們就應該要讓對方知道，有也有自己要堅持固守的底線了。

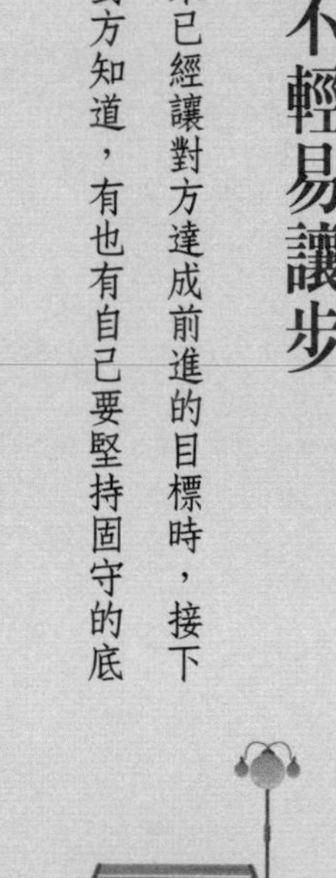

面對不合理的要求，就別再繼續退讓，聰明的人知道什麼時候退，什麼時候要有所堅持。

因爲他們知道，其中將關照到的人並不是只有自己，還包含維護團隊的整體利益，與其中既定的秩序與法理。

新力公司成立十五周年之時，公司方面決定舉辦一場盛大的紀念會來宣揚新力公司的理念。

但是，有部分員工卻想利用這次紀念會舉行罷工活動，趁著各方關注的情況，向公司要求提高福利等訴求。

公司主管人員聽說了這件事後，立即展開協商與對談，大多數員工都很爲公司著想，與主管們溝通之後，都同意當天不會出現鬧場，不過仍然有少部份員工不願退讓。

強硬的盛田昭夫與工會進行了多次談判，最終都毫無結果，於是公司宣傳部門決定重新規劃宴會場所，他們希望能更改地方，避免發生意外。

慶祝日越來越近，工頭們也越來越神氣，抱持著「不求和」的態度，只期待公司「完全退讓」。

紀念會的這天早上，罷工人群正包圍了公司的辦公室大樓，街上也有許多零散的抗議聲，甚至有人還高舉著斥罵新力公司和池田首相的標語。

所幸，盛田昭夫早已做好準備，將預定地變更後，還分批以電話通知將近三百位的嘉賓新的宴會地點，至於公司門口的抗議員工們，則交由內部其他支持員工去進行溝通與勸說。

不久，罷工人群發現貴賓們一直都沒有出現，原先還以爲公司已取消了此次活動，後來才知道，原來是地點改了。

宴會最後順利落幕，而抗議員工們發現自己出盡洋相後，很快地便散會了。紀念會圓滿結束，池田首相等也平安地出席了這場盛會，首相在致詞時說：「新力公司這次的處理方式十分用心，他們在處理極端份子的態度上很值得大家學習。」

從此，公司由上而下相處得十分融洽，因爲他們知道：「無論是上級主管或是基層員工，都是公司內最重要的人物！」

在業主與勞工之間，到底要怎麼才能取得權益的平衡，這確實有賴雙方好好溝通協調，只是在進行協商之前，無論扮演勞資的哪一個角色，都應該要爲對方

「多想一想」。

我們從故事中新力公司主管及員工間的對立，仔細思考其中的問題所在，相信任何人也無法做出最正確且合理的批評，畢竟勞工與業主確實各有各的考量和立場。

其實，何時要退讓，什麼時候要堅持，決定的標準很簡單，我們只需要從「大多數人的利益」考量即可。

我們退讓一步，如果已經讓對方達成前進的目標時，接下來就應該要讓對方知道，自己也有要堅持固守的底線了。

只是當有一方願意退讓後，另一方其實也該有所節制，而不該抱持「乘勝追擊」的態度。因爲，在團體中的合作關係，應當是「互助」與「體貼」，無論世界多麼功利化或個人化，我們始終都離不開「群體關係」。

成功只有途徑，沒有捷徑

「肯付出，不怕辛苦！」這幾乎是所有成功者踏出第一步後的重要寫照，因為他們堅持相信：「有付出就一定會有收穫！」

心理勵志作家史塔克曾說：「所有現在加諸在我們身上的痛苦磨練，其實都是在培養我們面對未來困境時所需要的抗壓力。」

不少成功人士都證明，只要擁有改變現狀的決心和勇氣，眼前所謂的「逆境」，其實只是進入順境的一個入口。

當然，在許許多多的成功個案中，無論過程解釋得多麼仔細深入，我們始終都無法完全體會，一切得靠我們親自去驗會。

白手興家的美國鋼鐵大王安德魯．卡內基，是世界公認的成功人士，而他的成功則是從小打好的基礎。

為了分擔家計，卡內基十歲時便進到一間紡織廠當童工，雖然工作一週只有一美元二角的報酬，但是卡內基從來不埋怨，反而更加積極地找尋其他的賺錢機會。

不久之後，他找到了看管燒鍋爐與油槽浸紗管的工作，雖然油池的氣味令人作嘔，雖然待在炙熱鍋爐旁邊十分難受，但是卡內基始終都緊咬著牙，告訴自己要堅持下去。

卡內基還知道，除了努力地賺錢外，更要積極充實自己，他對自己說：「我不能潦倒一生，我要積極奮發，努力學習！」

於是，他白天工作，傍晚則進夜校讀書，慢慢地從一般會計演算進階到專業會計課程，這些都是他後來成就鋼鐵王國的基礎。

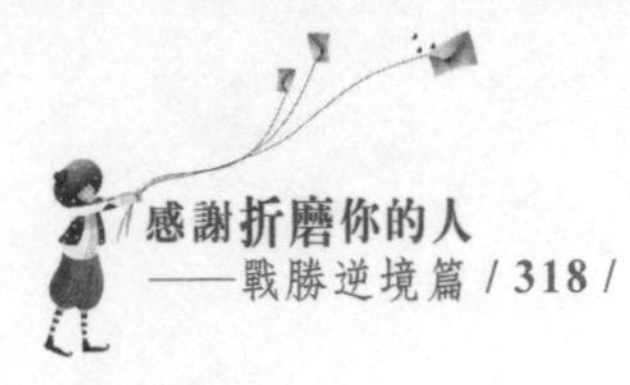

一天，卡內基下課後，父親對他說：「孩子，匹茲堡市的大衛電報公司，正缺一個送電報的小差，你有興趣嗎？」

卡內基一聽，連忙道：「好，這是個機會！」

第二天早上，卡內基穿上全新的衣飾，與父親一同前往大衛電報公司。

來到公司門口，卡內基忽然對父親說：「爸爸，我想一個人單獨進去，您先在這裡等我吧！」

父親明白地點了點頭，接著說：「加油！」

於是，卡內基獨自一人走到二樓的面試官前。大衛先生仔細地打量了這個蘇格蘭少年，問道：「匹茲堡市區的大小街道你熟悉嗎？」

卡內基語氣堅定地回答：「不熟，但是，我保證會在一個星期內將每一個彎道都記住，並把匹茲堡內所有街道名記熟！還有……」卡內基接著又補充道：「雖然我的個子很小，但是我跑步的速度很快，絕對不會耽誤送報的時間，這點請您放心！」

大衛先生聽見卡內基自信滿滿地保證著，滿意地笑著說：「好，周薪二塊半

美元，而且要從現在開始工作喔！如何？」

卡內基一聽，連忙點了點頭！

就這樣，卡內基邁出了人生的第一步，當時他只有十四歲，短短不到一個星期內，身著綠色制服的卡內基實現了面試時許下的諾言。

兩個星期後，他連郊區的路徑也瞭若指掌，個兒小卻勤快的他，很快地便得到全公司的肯定與認同。

一個月後，卡內基被單獨留下。當他跨進總經理辦公室時，大衛總經理拍了拍他的肩膀說：「小伙子，你比其他人更加努力、勤勉，所以從這個月開始單獨爲你加薪，以後每周改爲十三塊半美元。」

一年後他更坐上了管理階層的位子。

從學習打電報到熟悉發送電報，日積月累下來，卡內基就像在一所商業學校裡學習專業商務，在滴答滴答的打電報聲中，慢慢地累積了未來事業的地基。在這段難得的工作環境中，卡內基說：「我人生階梯上的第一步，正是從當時開始的！」

有位企業主曾說：「成功有途徑，但沒有捷徑。」

所以，我們看見卡內基在故事中「一步一腳印」的努力過程，也聽見他認眞踩踏在人生階梯上的步伐聲，其中點滴付出的努力，似乎無法用一句話「成功沒有捷徑」解釋得完。

相同的，希望獲得成就的我們，始終得靠我們自己去實踐與體驗。

「肯付出，不怕辛苦！」這幾乎是所有成功人士踏出第一步後的重要寫照，就像故事中的卡內基一般，他們不怕付出，因爲他們堅持相信：「有付出就一定會有收穫！」

信守諾言是個人價值的最好投資

一個信守諾言的人才會得到他人的信賴與尊敬；謹言慎行，避免失信於人是人生應有的價值觀。

日本知名的電影導演黑澤明曾經這麼說：「兌現自己的承諾，有時候雖然事件很痛很苦，但是它的果實卻很甜很美。」

信用是人類社會最重要的通行證，只要你願意盡自己所能兌現承諾，你就是個有信用的人，也是一個值得投資的人。

「信守承諾」不僅是做人處事最簡單的觀念，也是我們日常生活中必須建立的基本態度。或許，實踐承諾後會有一些犧牲，但是無論過程中犧牲了多少，最

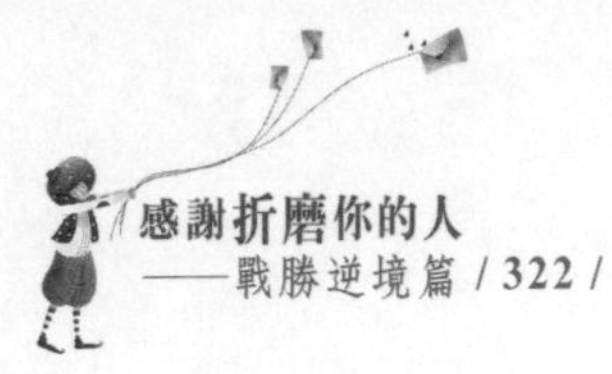

終我們都會得到一定的回報。

路克是美國猶他州土爾市的一位小學校長，在他四十二歲那年曾為「一個諾言」，在雪地上爬行了將近二公里的路程去上班。那天是他第一次遲到，因為他爬行了將近三個小時後才到達學校。

關於「一個諾言」故事的緣起，起因於學期初，為了激勵全校師生們的閱讀熱情，路克校長向全校師生說：「只要你們能在十一月九日前，讀完約十五萬頁的書，那麼我會在九號那天用爬的方式來到學校。」

從校長宣示那天開始，全體師生真的開始展開閱讀活動，連附設的幼稚班小朋友們也加入了。

在全體師生通力合作下，他們真的在十一月九日前讀完了超過十五萬頁的書籍。當使命達成的那天，便有學生打電話到校長室問路克：「校長，您說的話還算不算數呢？」

後來，也有人勸他說：「校長，您已經達到了激勵學生的目的了，不用眞的去爬了，那太辛苦了。」

但路克校長卻堅定地說：「不行，我已經說出口了，就一定得做到。」

一九九八年十一月九日，路克一如往常地在七點左右走出家門，只是，接下來的動作與昨天不同。只見路克校長在家門口跪了下來，接著四肢著地，開始「爬行」。

經過愛車的身邊後，他考慮到交通與安全問題，便朝著路邊的草地上爬去。「叭！」他身邊忽然傳來喇叭聲，原來是來往的車輛發現了校長，紛紛鳴笛鼓勵。不久，竟然有學生也加入了校長的爬行行列，甚至還有新聞台ＳＮＧ連線，報導這位校長兌現「諾言」的經過。

經過了三個小時的爬行，路克校長一共磨破了五副手套和一套護膝，但無論如何他實踐了諾言，師生們也更加敬愛他們的大家長——路克校長。

當路克校長抵達校門口的那一刻，全校師生不僅夾道歡迎，還有家長也趕來歡呼。當路克從地上站立起來的時候，孩子們忽然蜂擁而上，每個人都將他視爲

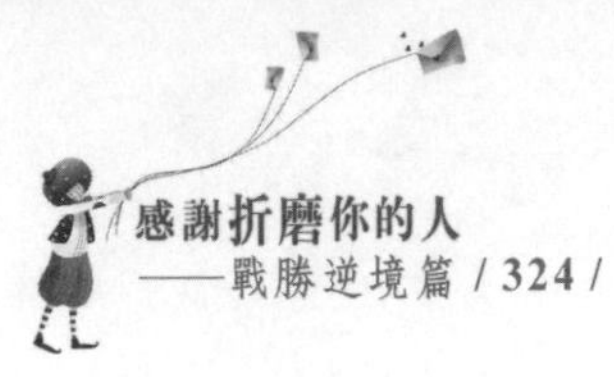

英雄人物，個個都想擁抱、親吻他。

實踐自己許下的承諾，無疑是一項重大的考驗，唯有選擇通過這些考驗，才能成爲受人敬重的人。

我們不必成爲人人羨慕的名人，只要努力成爲一個受人敬重的小人物即可。就像故事中的校長，他用「信守諾言」來增值個人價值，也用「堅守承諾」的具體實踐來教育他的學生們。

看著校長的爬行，相信沒有人不受感動，我們也從他信守承諾的行動中，看見他人生價值的無限提升。從中，我們了解信守承諾的重要性，對於言語謹慎的重要性也有了更進一步的認知。

知道了「避免失言」也等於減少「失信於人」的機會，那麼當我們下一次準備開口說「我答應」前，別忘了確實評估自己實踐的勇氣與能力。

要把每一件事都做到最好

堅持最好是所有成功者的追求目標，因為他們會把每一次都視為最後一次，並一次又一次的堅持下去。

成功人士的人生態度是：「面對挑戰，全力以赴！」能夠以堅定的信心朝著自己的夢想前進，也能夠不辭辛苦全力以赴的人，必定能完成自己的理想，甚至還會收到意想不到的成功果實。

卡特總統是個十分勤於反躬自省的人，不僅樂於面對自己的缺點，而且經常

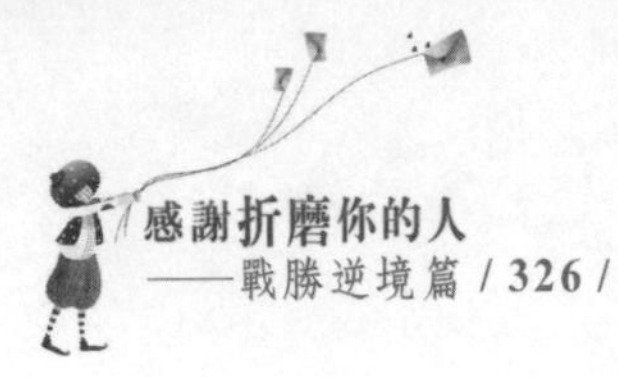

積極修正自己的缺點。

勤奮且自律的卡特，相當堅持這樣的理論：「一個人只要有積極思考的力量，他的成就便無可限量。」

他的朋友們都一致認爲：「他是個最守紀律的人！」總統的助手漢密爾頓．喬丹也肯定地說：「卡特總統的性格是，無論做什麼事都要全力以赴。」

對那些未盡最大努力的人，卡特經常在對方的面前直接表現出無法容忍他們犯下缺失的態度。

任職州長時，卡特與一位專辦亞洲事物的專員約好要同機洽公，許多人在那天也見識到卡特的嚴謹。

那天上午七點整，卡特早已坐在機艙內等候了，而那位專員此刻才匆匆忙忙地從航空站的跑道上奔跑過來。

由於起飛時間已經到了，雖然這是公務機且機身正好在跑道上滑行著，而大家也看見了那個專員，正氣喘吁吁地朝著飛機的方向奔來，但是，卡特仍然厲聲

命令駕駛員：「準時起飛！他不能準時登機，是他自己的責任問題。」

擔任州長時，卡特便具有著超人的決心，後來他決定要參選總統時，便著手寫下了他的第一本自傳，書名爲《爲什麼不是最好的》。

入主白宮之後，卡特總統仍然繼續對他自己與國家，提出許多高標準的要求，他在就職演說中說：「我們都知道，『多一點』未必是『好一點』，即使我們身處這個偉大的國家中，仍然有無可避免的侷限，所以，我們既不能回答所有的問題，也不能解決所有的問題。但是，只要我們能以大多數人的利益爲宗旨，以犧牲個人利益去謀取大多數人利益爲指標，那麼，我們就一定能把每件事都做到最好。」

這種嚴謹的治國態度是卡特成功的基礎。

美國樂評家貝瑞特說：「即使遇見一萬次的失敗，我仍然會盡全力堅持下去，因為成功的肯定只要一次就夠了。」

盡力與積極是每一位成功者的共同元素，堅持最好是所有成功者的追求目標，因為他們會把每一次都視為最後一次，並一次又一次的堅持下去。

堅持著「要把每件事都做到最好」的卡特也是如此，所以我們會看見卡特的嚴謹生活，更看見他的非凡成就。

看完故事後，重新審視自己的生活態度，是否有許多事是在「這樣就好」或「明天再說」的態度中擱置呢？

試想，在這樣模稜兩可且消極懶散的態度下，怎麼可能抵達成功的彼岸呢？

文中的卡特不是這樣告訴我們：「只要我們能盡力做到最好，那麼我們自然能發揮無限潛能，並且自然而然地擁有無可限量的未來。」

腳踏實地就不會不切實際

最不平凡的人，是甘於平凡。人生的精采不在於實現夢想，而在於永遠有夢；生活的空間有限，腦袋裡卻是個浩瀚世界。

「萬事起頭難」，事情或許沒有想像中簡單，但是，其實也沒有想像中那麼困難。

我們往往被現實環境羈絆，提不起，也放不下，動不動就說夢想太奢侈，不如「以後再說」，只是，天知道，人生有多少個「以後」？

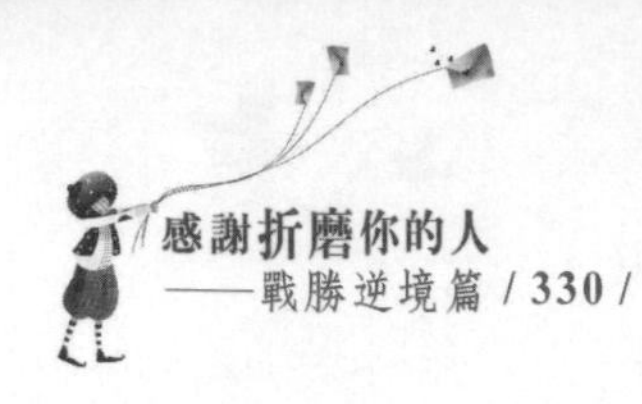

小王的理想是想要擁有一家屬於自己的餐廳，餐廳的屋頂漆成藍色，開在街口轉角處，裡頭提供著各式美味的佳餚，給進來的客人一種世外桃源的驚喜。

打從一出社會，小王便懷著這個志向，爲了實現夢想而拚命賺錢；他成爲一個推銷員，每天周旋在新知舊雨之間。

在他的努力下，短短幾年，他就存到生平第一個一百萬。有了點資金本來可以做自己眞正想做的事了，可是，他卻在這個時候結婚，太太十分渴望擁有一間自己的房子，將來生活養老也有一份保障。

因此，小王將這一百萬用作房子的頭期款，爲了每個月的房貸壓力，小王別無選擇，只好繼續從事推銷員的工作。

又過了幾年，家裡的負擔比較輕鬆了，太太卻懷了他們的第一個孩子。

這一份天上掉下來的禮物，是小王甜蜜又沉重的負荷，他知道自己是太太、孩子唯一的依靠，行事必須更加謹愼，眼前最重要的是照顧好家庭，開餐廳的事以後再說也不遲。

等到孩子大了一點，小王的事業也有顯著成長，應付家裡的開銷綽綽有餘，

還有一筆爲數不小的保險金支付孩子將來的教育費用。辛苦了大半輩子，好不容易從一個小小的推銷員爬到業務經理的位置，還有必要去開餐廳嗎？

這個夢想似乎太不切實際了，做生意有人賺有人賠，萬一賠了怎麼辦？何必拚老命拿自己的老本去搏？現在的小王寧可安分的領公司每個月固定的薪水，過著安穩的日子。

現在的小王，是個生活一成不變的中年人，眼神黯淡無光，身體不好，生活也漫無目標。除了上班下班、去醫院檢查身體之外，他再也沒有別的事可做，也沒有別的事可想；那個藍屋頂的餐廳已經隨著年輕的歲月遠去，而生命也可能就這樣過去了。

追逐夢想需要冒風險，只有年輕時才摔得起；年輕的好處，是你有做錯的權利，因爲你還有重新來過的機會。

當你老了，你會實事求是，利弊得失一定得盤算清楚；當你老了，你會相信

「平安是福」，不願意再做「無謂的打拚」。

年少時，你覺得小王那樣的中年人是故步自封，不求長進；年老了，你才會發現，重要的不是夢想，而是生活。

你可以不做自己喜歡的事，但是你不能不過日子。像小王那樣的人生，腳踏實地，風平浪靜，又何嘗不是一種幸福？至於開餐廳的夢其實還是可以保留在心裡，誰敢保證日後一定沒有奇蹟或轉機？

最不平凡的人，往往甘於平凡。

人生的精采不在於實現夢想，而在於永遠有夢；生活的空間有限，腦袋裡卻是個浩瀚世界。

樂觀看待眼前的磨難

每一次的磨難，都訓練我們變得更堅強勇敢，每一次都逼我們回頭重新定義自己，每一次都是極珍貴的體會。

有句西洋諺語說得好：「有安全才有幸福，但是快樂就像花朵一樣，有時也會在絕望的懸崖綻放。」

每個人遭遇到的磨難，心靈受到的衝擊，是旁人無法完全領會知曉的。陷入谷底的人，想要再爬上山巔，沿途經歷過的點滴感觸當然也是與眾不同；但是，當他們再次爬上山巔，再次擁有自我肯定的力量時，心境的視野一定加倍寬闊。

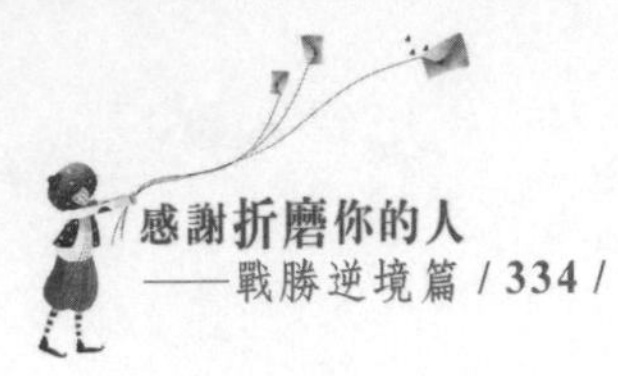

有個女孩患了眼疾，眼睛不時隱隱作痛，像是許多螞蟻在裡頭啃食那般的疼，每每痛到極點時，女孩就會故意拿其他東西打自己的腳，好分散注意力，如此才能熬過。

女孩的朋友問她：「妳看過醫生，醫生怎麼說？可以治得好嗎？」

「醫生說我太慢去治療，已經來不及了，只能滴止痛止癢的藥水，但是太常滴的話，可能的副作用就是再也看不到了。」

「哎，如果我是妳，就把那眼珠子給挖了，免得經常痛得天翻地覆。妳為何不乾脆把眼睛都挖掉呢？」朋友建議。

眞是蠢得可以的建議，女孩回答：「現在還有眼睛，我還看得見；如果把它們挖掉，就再也看不見了。」

「妳遲早有一天會看不見的，何必多受苦呢？」朋友問道。

「如果眞的有那一天，那我也得趁我還能看的時候，多看一點、多看一眼。」

女孩認眞的說。

試著珍惜每一次的磨難，那麼，每一次都將訓練我們變得更堅強勇敢，每一次都逼我們回頭重新定義自己，每一次都是極珍貴的體會。

失去讓人更珍惜所擁有的。樂觀的人看到玫瑰，悲觀的人看到刺。把握花開的當下，欣賞花的美麗與香氣，也極盡努力讓自己如花般綻放。

李白〈將進酒〉中有兩句「人生得意需盡歡，莫使金樽空對月」，提醒我們能愉快生活的時候，就要盡情享受生命；一味只把視線停駐在刺上，感到悲傷或忿忿不平，時間就這麼流逝了，青春溜走了。把心禁錮在茫然或悲憤的情緒裡頭，多可惜啊！

能反省過去才能面對未來

生活就是如此，沒有深刻的自省，就無法修正自己的錯誤，錯誤無法修正，又如何能重新展開自己的精采人生呢？

面對已經過去的昨日，你會用多少時間來評斷審視自己？面對曾經犯下的錯誤，你又會用多少時間來反省自己？當你認眞反省過後，又會用多少時間來糾正自己？

握緊雙拳而來的我們，最終都將攤開雙手而去，過去和未來的關係該怎麼連接，或者就在「緊握雙拳」時懂得「攤開雙手」中找到串連。

不久之前，有件事深深地啓發了凱斯。

那天早上，因病長住醫院的凱斯，正準備到對面大樓接受幾項檢查。坐在輪椅上的凱斯，在護士推移中慢慢地穿過醫院的迴廊，接著則穿過了一個小院子。

許久沒有走出病房的凱斯，一出病房便感受到迎面而來的光照，忍不住嘆道：「哇，好溫暖喔！」

護士笑著對他說：「嗯，太陽很美！」

凱斯抬頭看著天空，陽光此刻正溫暖地關照著他整個身子和一顆冰凍許久的心。他伸手托著灑落的光線，心想：「這陽光多麼美麗，太陽的光輝實在媚人啊！不知道有多少人和我一般，正快樂地享受這和煦的陽光？」

凱斯想到這裡，忍不住看了看四周的人們。但是，他始終只看見來去匆匆的人影：「唉，眞可惜，怎麼沒有人欣賞這個燦爛金光呢？」

忽然間，他想起了過去的自己：「我過去不也是這樣嗎？每天讓自己困在日

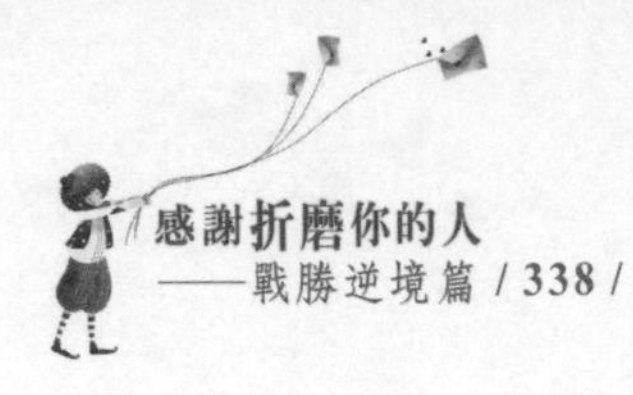

常事物中，對於大自然的一切良辰美景，我不也無動於衷嗎？」

一番自省後頓悟，凱斯為自己重建了一個新的人生觀：「要好好地把握住美麗生命中的每一刻！」

看著凱斯從陽光中看清昨日的自己，我們似乎也看見自己的昨日之非。

每個人都有昨日，只是，有人選擇遺忘昨天，用以關閉明天必須面對的現實，當然也有人像凱斯一般，勇敢打開、面對昨天門扉裡的一切，也虛心、坦然地接受明天的指正，這是為了讓今天的陽光繼續照耀自己的未來。

生活就是如此，沒有深刻的自省，就無法修正自己的錯誤，錯誤無法修正，又如何能重新展開自己的精采人生呢？

給對方一個將功贖罪的機會

在非常時候，給對方再一次機會，不是非婦人之仁的表現，而是另一種糾正錯誤的輔助方法。

沒有人會是完人，對於那些能眞心面對錯誤，決定痛改前非的人，我們何妨再給他一次機會？因爲，他們未來的發展與改進的空間，經常超過我們想像，甚至也超越他們自己預料。

宋太祖建國初期，有個軍校向朝廷誣告巡使郭進未按軍法治理西山，還造謠

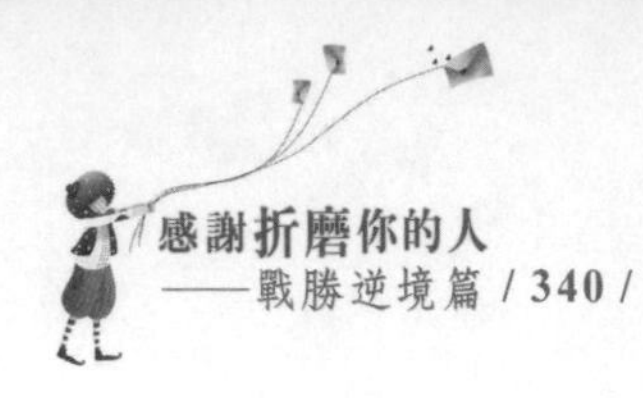

郭進亂施淫威，令小老百姓痛苦不堪。

宋太祖看完奏章，立即派人將前因後果了解一番，最後發現這個軍校竟是誣告，於是宋太祖下令：「將這個軍校交給郭進，由他親自處決這個擾亂軍心的叛徒。」

然而，正值北漢軍隊大舉入侵的危險時刻，郭進實在不想在這個非常時候審理此案，忽然，他想到了折衷的方法。

郭進對著這個軍校說：「你竟然敢向朝廷捏造我的是非，膽子實在不小啊！不過，我今天饒你不死，只要你能打敗眼前的北漢敵軍，我不僅會保住你的性命，更會向朝廷薦舉你升官。」

這個方法果然奏效，軍校一聽，連忙跪拜謝恩，隨即趕赴前線奮勇殺敵，郭進不僅換得一名勇士，此役更因此大捷歸來。

郭進也信守承諾，當勝利消息傳回兵營時，便立即寫好奏摺上奏朝廷，請求太祖能賞賜給這個軍校一官半職。但是，宋太祖看完奏摺時卻說：「什麼？他陷害忠良大臣，竟想憑這點功勞贖罪？」於是，又把軍校送回郭進面前，要讓郭進

自行處決。

郭進看見軍校被遣送回來，得知宋太祖拒絕賜官，決定親自上朝，請求皇上答應。他對宋太祖說：「皇上，如果您使我失信於人，這恐怕會讓微臣再也找不到可用之才啊！」

太祖聽見郭進這麼解釋後，只得答應郭進的要求。

識才也惜才的郭進，深知給予懲罰，不如給人一個將功贖罪的機會，因爲那不僅能夠擄獲人心，更是維持社會秩序與正義的最佳方法。

在非常時候，給對方再一次機會，不是非婦人之仁的表現，而是另一種糾正錯誤的輔助方法，當郭進退讓一步留給對方多一步的改進空間時，我們確實也看見了軍校努力彌補的力道。

人非聖賢，孰能無過？當我們犯錯時，不也希望得到別人的原諒與再一次努力的機會嗎？那麼，換個角度想，當別人犯錯的時候，我們是否也願意再給對方

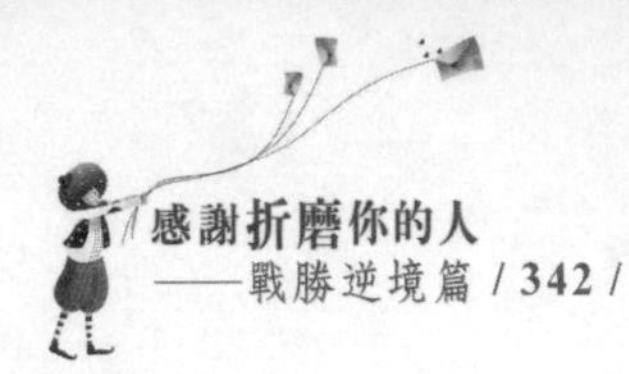

一次機會將功補過呢？

沒有人希望從此一蹶不振，也沒有人能接受人們的一再否定，我們都需要被肯定與鼓勵，也更渴望從錯誤中重新站起，這是身爲人的共同特徵，也是每一個生命的內在精神。

因此，我們要像郭進一樣，堅定地相信：「再給他再一次機會，也等於給自己一次機會，當我們願意施恩於人時，我們一定會接到他們感恩圖報的回應。」

誠實與勇氣是相輔相成的

誠實與勇氣是相輔相成的關係，勇氣則與責任感互為表裡，而每一位成功者的特質則結合了誠實、勇氣與負責。

想要到人們的信任與支持，我們便要誠實待人；希望得到人們的倚重與青睞，處事便要有勇有謀。

只要凡事皆能秉持誠實且勇於承擔的原則，即使發生誤失、犯錯，我們也一定能得到人們的諒解與幫助，讓錯誤的缺口迅速地獲得彌補。

七歲那年，志氣高昂的華盛頓便立定志向：「我要當個勇敢的軍人。」

這天，小華盛頓為了做一把木槍，手上拿著一把鋒利的斧頭，朝著後的方向走去。他在後院的樹叢間走來走去，嘴裡還不斷地叨唸著：「這棵樹太大了……嗯，這樹又太小了。」

忽然，他發現前方的空地上，有一棵青翠挺拔的小樹，高度正好合乎他的希望，而樹身也足夠他做一把木槍。他看了看四周，心想：「爸爸現在一定正在農場上忙碌，還是不要麻煩爸爸了，等我把木槍製作完成後，爸爸一定會誇獎我的！」

於是，小華盛頓一個人獨自砍倒了小樹，只見他先將枝葉等先去除後，便將樹幹留在一旁，準備明天再來完成最後的製作。

然而，他回到屋裡後不久，卻聽見父親從後院大聲怒吼著：「是誰把我最心愛的小櫻桃樹給砍了？」

小華盛頓從樓上看見爸爸正在後院發怒著，這才想起了一件事：「糟糕，那是爸爸為了紀念我出生所種的櫻桃樹啊！我怎麼忘了呢？怎麼辦？」

小華盛頓想了想，接著便叮叮咚咚地跑下樓，並直奔父親的面前，因為他想起了哥哥在入伍後，父親對他說的一句話：「是的，要成為勇敢的軍人，就要懂得『誠實』，因為唯有誠實才能獲得人們的信任，也才能讓士兵們團結一心，奮勇克敵。」

這會，小華盛頓已經來到了父親的面前，他看著父親漲紅的臉龐，手裡的皮鞭還不斷地發出聲音，空氣中瀰漫著相當緊張的氣氛。

小華盛頓嚥了一口氣，接著便勇敢地對父親說：「爸爸，是我砍的！」

父親一聽，立即高高地舉起了鞭子，但是他並沒有讓鞭子立即落在孩子的身上，而是再次大聲地斥喝著：「你闖了禍，是不是應該接受處罰？」

只見小華盛頓抬起了頭，用力地點了點頭說：「是的，爸爸，我要當一個勇敢的軍人，您不是說過，想當一個勇敢的軍人就要知道『誠實』的重要性？我知道自己做錯事了，請您處罰我吧！」

沒想到華盛頓的父親，聽見兒子這麼說，反而放下了鞭子，開心地抱起了兒子，說道：「孩子，爸爸以你為榮！你這麼勇敢、誠實，爸爸這一次就原諒你了，

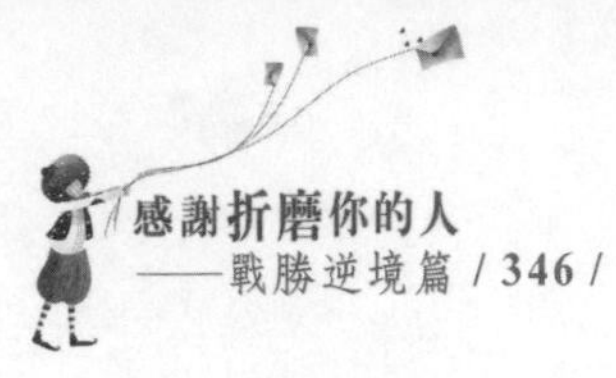

我很高興你能這麼做，承認錯誤眞的是英雄行爲，而且它比一千棵櫻桃樹還珍貴。」

誠實與勇氣是相輔相成的關係，勇氣則與責任感互爲表裡，而每一位成功者的特質則結合了誠實、勇氣與負責。

當華盛頓的父親鼓勵兒子「承認錯誤是英雄的行爲」之時，我們也預見了小華盛頓的心，正在父親的引導下，勇氣十足地朝著負責而且成功的未來人生邁進。

小小的故事中包含了父母教育子女的技巧與態度，當然也包含了主人翁天生性格裡的勇氣與擔當。正因爲其中所蘊涵的寓意多元，所以幾乎全世界的人們，無論大人還是小孩，在面對生活中的種種，總是會想起這則故事，一則關於華盛頓砍倒櫻桃樹的誠實與勇氣。

PART 10

連死神也怕咬緊牙關的人

能夠咬緊牙關走過艱難的人，
在他們身上都有一股十分驚人的支持力量，
那是擊敗厄運之神的重要武器。

態度嚴謹自然能呈現完美

所謂的追求完美只是一種態度，沒有人能確切地說出完美的標準，我們唯一能列出的完美標準，只有「好還要更好」。

散漫的人無法摘到甜美的果實，因爲以漫不經心的態度對待事物，他們總是挑到最爛的。

反之，嚴謹的人從不輕易地摘取果實，因爲他們嚴選辛苦栽種的成果，要讓手中摘下的每一顆果實都是最佳首選！

文壇上每個人都知道，托爾斯泰對於自己的創作要求十分嚴謹，文章準備刊登在報紙前，都會要求親自校對。

每當編輯們一聽說托爾斯泰要校稿，無不個個繃緊神經，因爲稿子只要一回到他的手中，即使已經是最後校對工作，也可能要拖上好幾個月。

例如，《安娜．卡列琳娜》的藍圖在回到托爾斯泰的手中後，紙張上便出現了許多符號。剛開始文句旁邊的文字增減尙能辨識，但是隨著大師的修改次數越來越多，到最後連原來的底稿文字都難以辨識了。

幸好，托爾斯泰的夫人看得懂他的文字與慣用符號，等丈夫寫完一份稿子後，立即重新謄寫。

但是，別以爲謄寫完後就沒事了，第二天早上，托爾斯泰夫人又將再抄寫一次。因爲，工作嚴謹的托爾斯泰，已經在新謄好的稿紙上又添上了許多新的符號與塗改痕跡，辛苦的托爾斯泰夫人因爲丈夫一再的修改，必須重新謄寫了一遍又一遍。

於是，改字修句的工作一再地重覆著，也讓交稿的時間越拖越長，而編輯們

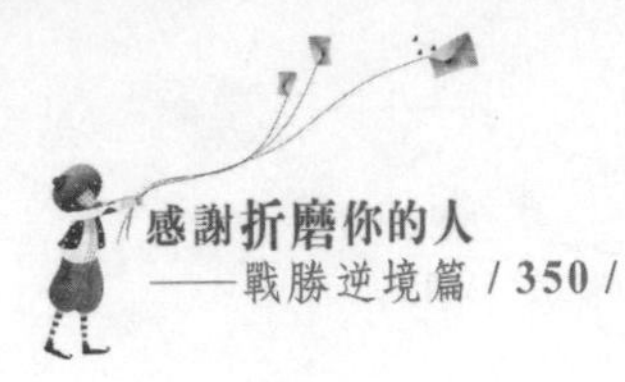

為此也得一再地修正刊登日期，甚至有時候都已經交稿了，托爾斯泰還會忽然想起有幾個字要修改，立即撥電話請報社編輯幫他更正。

這就是作家托爾斯泰的文字態度，也是他嚴謹的人生態度。這樣的創作堅持讓他有足夠的耐力與毅力，以七年的時間與改寫八遍的次數，完成世人十分喜愛的史詩巨著《戰爭與和平》。

據說，這本書的每一個章節都有七個版本，托爾斯泰幾度修正後，最後才決定今天流傳的版本。

其他，像是《生活的道路》一書，他光是為了寫出好的序言，便寫下了近一百篇的草稿；另一篇名為《為克萊塞爾樂章而作》的短文，最後選定要發表的內文僅有五頁，但散落在桌面上的手稿卻超過了八百頁。

這是托爾斯泰的創作熱情與執著，在他的日記本中曾經寫了這麼一段話告誡自己：「你必須永遠丟棄『寫作可以不修改』的想法，因為即使改了三遍、四遍都不夠！」

因爲修一遍不夠便要再修第二遍的嚴謹態度，讓世人對托爾斯泰的作品推崇備至，因爲對創作的使命與堅持，讓托爾斯泰的作品充滿了生命張力。無論時空環境怎麼變動，也無論讀者閱讀了多少次，他的作品總是能不斷地給讀者新的啓發。

這是托爾斯泰的創作堅持，也是我們必須學習的人生態度。要怎樣才能呈現完美？托爾斯泰在文中點出：「沒有人能眞正地達到完美，但是我們仍然要力求完美！」

其實，所謂的追求完美只是一種態度，沒有人能確切地說出完美的標準，因爲標準因人而異，我們唯一能列出的完美標準，只有「好還要更好」，一如托爾斯泰在日記本裡提醒自己的。

能觀察入微便能看見成功的關鍵

因為觀察入微，所以能見微知著；因為常發現別人尚未發現的契機，所以總是能搶得先機！

能見人所不能見，才能爲人所不能爲。

能見微知著的人，才不會錯過任何成功的機會。很多時候，那些困擾著我們的難題，答案經常藏在人們最容易忽略的角落。

據說，約翰·甘迺迪總統是個非常重視小地方的人，他在檢閱儀式中曾發現，

海岸警衛隊中竟沒有一個黑人士兵，爲此還當場派人進行調查。此外，在他就任總統後的第一個春天，第一個發現白宮草坪上長出了蟋蟀草，不久園丁們便接到總統親自下的命令：「快把蟋蟀草清一清！」

更令人吃驚的是，他剛就職時便能在第一次的記者招待會上清楚解說美國從古巴進口一千二百萬美元的糖務，據幕僚人員透露，在此之前有關部門只向他報告過一次而已。

凡事都鉅細靡遺的甘迺迪總統，事事干涉的風格並沒有被美國人指責，反而讓人們更加佩服他的工作態度。

與甘迺迪相比，其他歷任的美國總統也不遜色，其中又以羅斯福總統的驚人記憶力最爲人稱道。

第二次世界大戰時，有艘船在蘇格蘭附近沉沒，沉沒的原因有人說是被魚雷所擊中，也有人說是觸礁所致，羅斯福聽見消息，認爲觸礁的可能性最大。爲了支撐這個結論，羅斯福還滔滔不絕地背誦出當地海岸漲潮時的具體高度及礁石在水下的確切深度和位置。

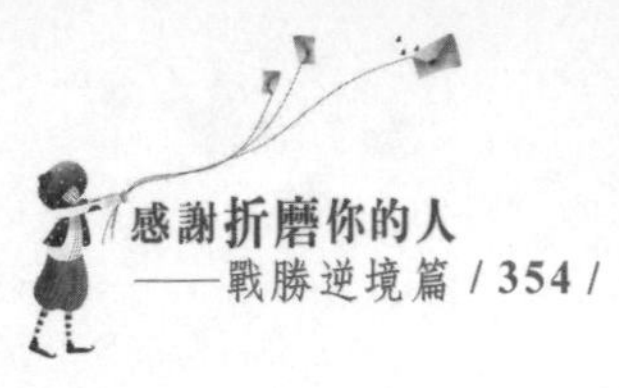

羅斯福詳細且肯定的分析，當場說服了許多人，也令很多人暗中折服，因爲他只不過看了報告一眼，便將內文全部記住。

其他像是約翰遜總統也有如此表現，有一次，約翰遜剛剛在國會參議兩院聯席會上致完詞，有位參議員跑上前去，向他表示祝賀之意。約翰遜笑著說：「謝謝您，大家已經送給我八十次的掌聲了。」

參議員一聽，立即跑去核對會議記錄，結果令他十分驚訝：「沒想到總統連掌聲的次數也數得那麼清楚！」

在邁向成功的道路上，除了累積實力之外，更要具備從身邊細微的現象，觀察並推演整個大環境未來發展的能力，唯有這樣才能掌握契機，在激烈的競爭下永遠立於不敗之地。

成功的因果在於：「因為觀察入微，所以能見微知著；因為常發現別人尚未發現的契機，所以總是能搶得先機！」

因此，能準確背出礁石與深度的羅斯福，其成就不僅爲世人矚目，後來更成爲世界史中不可或缺的人物之一；甘迺迪總統的細心態度，則讓人們願意給予肯定與支持。

待人之時我們可以大而化之，因爲那有助於人際溝通，但是做事之時務必掌握細微，因爲細心原本就是成功的重要輔佐，只要我們能觀察入微，自然能掌握成功的重要關鍵。

活用你的智慧，創造無限商機

一個具有商業眼光的人，總是能緊緊地捉牢人性心理，並早別人一步看見商機，緊緊把握最好的機會！

眼前的東西倒底價值多少，前方的台階到底是不是最好的成功跳板？只要我們能把眼光放遠，讓實力充分展現，把培養出來的獨到見解與獨立判斷的能力冷靜地表現出來，自然能輕鬆地達到想要的目標。

在這場郵票收藏的競標會上，出現許多珍貴且難得一見的郵票珍品，因此吸

引了上千名家收藏家前來競標。

此刻正進入了高潮，因爲台上出現兩枚僅存的黑便士郵票，台下的收藏家們也進入情緒高昂的狀態。

這對郵票從二萬美元開始起跳，接著是五萬美元的喊叫聲，台下喊出來價格越來越高，一下子便喊到了四十萬美元的天價。

忽然，角落裡爆出現了一個聲音：「二百萬美元！」

「哇！」這個喊價聲立即驚動了每一個人。

一個中年男子走上台繳款，但沒想到他上台後卻做出了這樣的動作，先是將兩枚郵票撕開，接著竟拿出打火機將其中一枚郵票點燃了！

在場所有人一看，爭議聲紛起，有人斥責中年男子不懂珍惜，更有人直斥他是瘋子，現場不論是台上還是台下的人，全都指著他議論紛紛。

這時，台上的中年男子舉起了手，喊道：「各位，請冷靜聽我說！我之所以會用高價買下這對郵票，是因爲其中一枚藏有一個無價的秘密，然而，想找到這個天大的秘密，卻必須先將其中一枚郵票燒掉。」

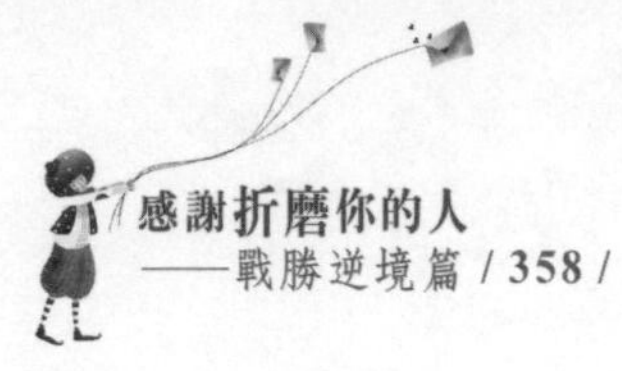

忽然，中年男子又說道：「現在，我願意將這枚郵票再提供出來拍賣，只要有人願意買下這枚郵票，我便會將這個秘密告訴他。」

現場所有的收藏家們一聽，立即又開始喊起價來，現場的氣氛簡直可以用瘋狂兩個字來形容，衆人的喊價聲此起彼落，爭相競標，每個人都渴望知道其中的秘密！

最後，這只郵票以九百萬美元的天價賣出，得標的人非常興奮地拿著支票上台領取郵票，並著急地問中年男子：「這張郵票的秘密是什麼？」

中年男子一接過九百萬美元的支票後，接著便在那名得標者的耳邊，小小聲地說：「秘密就是，這枚郵票如今是世界僅存的郵票，是獨一無二的珍寶，從此它對你來說是價值連城的寶貝了，你一定要小心翼翼地保存它啊！」

一張郵票能擁有有多少價值，就如同故事中明白展示出來的，一切都取決於人的機智。

為了提高郵票的價值，中年男子大膽地燒毀其中一張郵票，接著還故弄玄虛地說郵票藏有一個秘密，這一連串的動作無非就是為了打動人心，提高人們的好奇心之後，郵票的價值便在人們佔有慾的加溫下提高。

這是一個非常絕妙的心理戰術，也是我們眞正要學習的地方。一個具有商業眼光的人，總是能緊緊地捉牢人性心理，並早別人一步看見商機。

就像故事中的郵票，當別人仍然專注於兩張郵票的價值時，他早已看見前方新的目標，發現一張郵票的無價。

中年男子小聲地向得標者咬耳朵，訴說郵票的價值，雖然有些滑稽，但我們也不得不承認：「能運用聰明機智搶得先機的人，總是能操控商場上的一切，並緊緊把握最好的機會！」

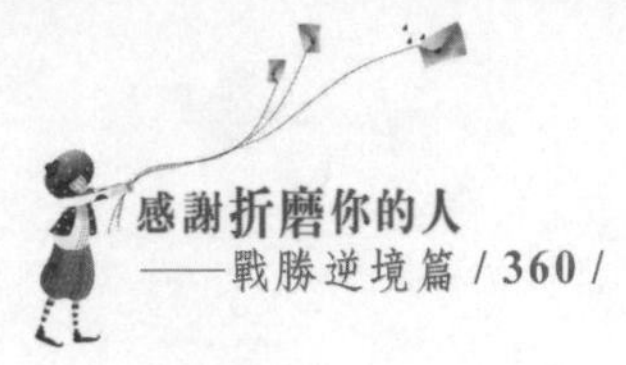

不隨波逐流，就不會當冤大頭

不想當冤大頭，就要培養自己的投資概念與理財技巧，在這個資訊暢通無礙的時代，只要肯多下功夫，就一定有機會。

無法親自確認的事，就不要相信片面之詞，對於一知半解的事，就不能跟著人云亦云。

不管在什麼樣的領域中，我們都要有獨立思考的能力與判斷力，才不會淪爲冤大頭。

巴菲特正在閱讀財經書籍，專心得像孩子閱讀漫畫般認眞，這是他爲了成爲一個非凡的投資者而培養出來的生活方式。每天早上他都要閱讀各家報紙的金融版面，而且一字不漏地讀過，絕不略讀。

正因爲他如此認眞地研讀財經消息，朋友們對於他的投資策略都十分有信心，也認爲沒有任何人能比得上他。

雖然已經頗有影響力，巴菲特仍然十分謙虛，總是對向他請益的朋友們說：「凡事不要一窩蜂地跟著別人，一切都要根據事實。你自己也要做功課，因爲沒有人能正確無誤地告訴你哪些投資穩賺不賠，一切都要靠自己研讀和判斷。」

思考獨立的巴菲特，專心致志的工作態度令他在事業上更如虎添翼。

每到黃昏，他都會去商店買份刊有股市訊息的晚報；回到家後，便開始閱讀一疊疊投資個股的公司年報。

他曾對朋友說：「這就像一些熱衷於研究棒球資料或賽馬經的人，他們最終的目標和你我一樣，都是要賺更多的錢。」

巴菲特雖大量地閱讀訊息，卻從來都不相信理財顧問所說的話，他曾這麼說：

「如果你手上有一百萬美元，且全部的交易都相信內線消息，那麼你一年之內就會破產。」

如何考慮哪些股票值得投資，就巴菲特來說：「我得先說服自己，只要我認定自己的判斷沒錯，那麼我就會做選擇！」

巴菲特之所以有這樣的自信，那是因爲他對於數字的概念比別人強，無論是球賽成績或是賽馬勝算高低，他幾乎全部研究，即使沒有投資，他也會在這個領域中訓練自己的判斷力與觀察力。

巴菲特還有兩項投資的黃金守則：「第一，絕對不能輸錢；第二，絕不忘記第一項守則。」

在商場上，他堅持著不負債才能立於不敗之地，他認爲：「債務是商戰場上最脆弱的環節，一不小心便會把你絆倒。」

處事謹慎的他還提出：「避免投資在你不了解的科技或企業身上。就像是在玩撲克牌的時候，你必須放眼一看就能看出誰是冤大頭，如果你怎麼也看不出來，那表示冤大頭就是你自己！」

爲了賺取更多的財富，人們經常誤入金錢遊戲的陷阱中，所以巴菲特在故事中一再地叮嚀我們：「把遠光放遠，想賺取更多的財富，一定要先培養自己的理財能力，絕不能人云亦云。」

不論你準備進入什麼投資領域，自己始終是最穩當的靠山，一旦踏入，便要從零開始，不可以隨波逐流，更不可以依賴別人，因爲不管對方成就多高，那終究只適用他自己。

不想當冤大頭，那麼，我們就要培養自己的投資概念與理財技巧。在這個資訊暢通無礙的時代，只要我們肯多下功夫，就一定有機會。

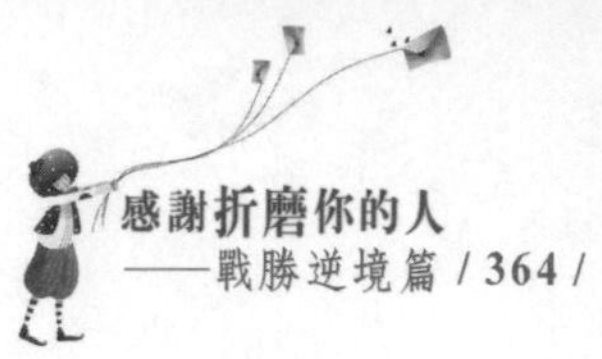

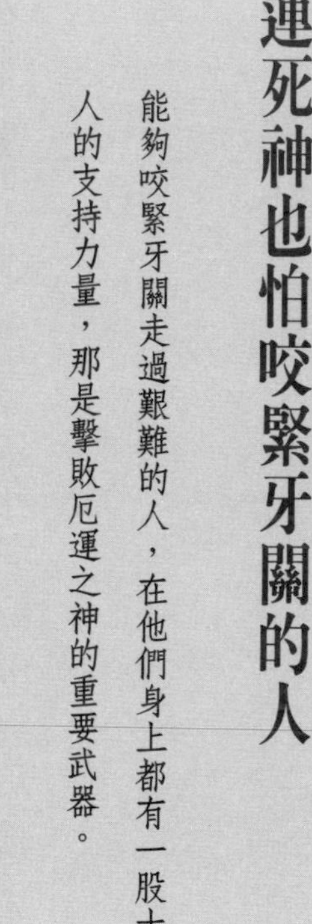

連死神也怕咬緊牙關的人

能夠咬緊牙關走過艱難的人，在他們身上都有一股十分驚人的支持力量，那是擊敗厄運之神的重要武器。

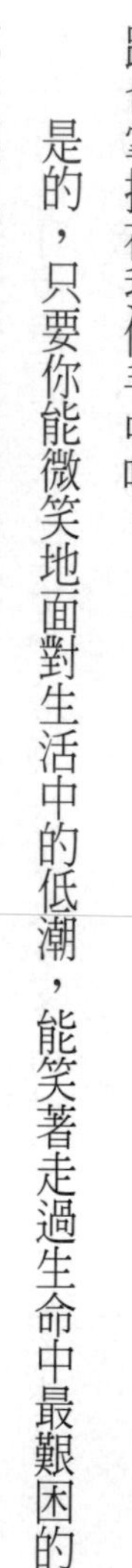

據說死神也怕咬緊牙關的人，那是不是代表命運確實掌握在我們手中，連奇蹟也掌握在我們手中嗎？

是的，只要你能微笑地面對生活中的低潮，能笑著走過生命中最艱困的日子，那麼讓人驚嘆的奇蹟便會發生在你身上。

羅伯特和瑪麗終於攀爬到了山頂，一同站在山峰上眺望。

羅伯特忍不住讚嘆：「親愛的，妳看山下的那座城市，在陽光照耀下竟是如此美麗！」

瑪麗開心地仰起了頭，跟著也驚呼：「你看，那藍天上的白雲，你感覺到了嗎？這兒的風好柔軟啊！」

兩個人開心得像個孩子般，竟手舞足蹈起來，但是就在他們開心得忘形時，悲劇竟在這個時候發生。

羅伯特一躍竟一腳踩空，只見他高大的身軀頓時被甩了出去，旋即便朝著萬丈深淵滑了出去。

眼看丈夫就要墜入深淵，正蹲在地上拍攝風景的瑪麗，連思考的時間都沒有，便下意識地一口咬住丈夫的上衣，倉促之間，雙手正巧緊緊地抱住立在她身邊的一棵樹。

眼前的景象是，懸在空中的羅伯特，正由兩排潔白的牙齒拉住，此景像幅畫般，定格在高空崖邊，令人震懾。

因爲承受了極重的力量，瑪麗脆弱的牙齒開始動搖，慢慢地滲出了鮮血。

但是，世界眞的有奇蹟，因爲瑪麗最不僅撐過了這個痛苦的難關，也救回了丈夫的性命。

有人問瑪麗：「妳怎麼能撐那麼長的時間啊？」

瑪麗張開缺了幾顆牙的嘴，說：「我也不知道，當時在我腦子裡只有一個念頭：『我絕不能鬆口，否則羅伯特肯定會死！』」

這個奇蹟般的事蹟很快傳遍了各地，有人下了評註說：「看來，死神很怕『咬緊牙關』的景象！」

相當震懾人心的故事，想像著瑪麗懸在半空中並緊咬著丈夫的畫面，閱讀至此，一定有許多人的情緒都跟著繃緊起來。

在那個剎那間，我們都看見了生命的潛能，那是在非常時刻才被激發出來的無限潛能！

死神確實害怕咬緊牙關的人，因爲能夠咬緊牙關走過艱難的人，身上都有一股十分驚人的支持力量，那是擊敗厄運之神的重要武器，也是保護自己不受困厄擊倒的重要盾牌。

再怎麼辛苦，我們都不能輕易放棄，因爲沒有人可以測量出我們身上的眞正潛能，我們唯一可以確定的是：「只要我們能咬緊牙關，無論遇上多麼艱困的險境，都一定能走過。」

第一印象是最具影響力的

印象往往也帶了點個人偏見，然而這確實是極力爭取成功機會的人不可忽略的思考角度。

有位哲人說：「你可以不用第一印象去評斷別人，但是，別人還是會用第一印象來論斷你！」

所以，要注意你的第一次表現，那不僅是人們品評我們的觀感，更是人們是否願意接納我們的評分標準。

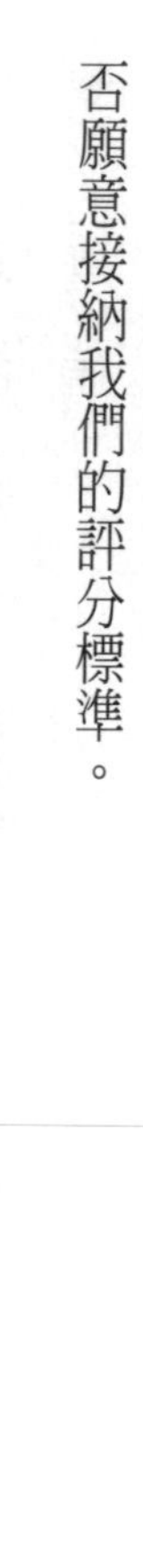

樹林裡有一座興建中的豪華別墅，好奇的烏鴉與喜鵲也忍不住來湊熱鬧，正在商量，誰要飛進屋裡祝賀這間屋子的主人，順便討點食物。

此刻，烏鴉與喜鵲正在練習要怎麼表現祝賀之意，只見烏鴉聲音十分宏亮、粗獷地唱著：「好哇……好哇……」

喜鵲則是「拆……拆……拆」地低吟著。烏鴉聽見喜鵲這麼沒有活力的聲音，忍不住自豪地搧了搧翅膀，一副得意的模樣。

這時，喜鵲卻自信滿滿地評道：「你不要以為一直喊『好哇好哇』的，人家就會買你的帳，你難道不知道人們不喜歡你嗎？」

烏鴉輕蔑地說：「哼，你根本是在唱送葬曲，他們沒打你算你運氣好，唱得那麼難聽。」

但喜鵲卻神氣地說：「總之，有些事是好是壞，早已注定，人們對你我的印象也早已命定，有些事是改不了的。」

烏鴉不服氣地說：「才怪，那房子已經準備上樑了，上樑有上樑酒，我們就比比看誰有這福氣得到，我就不相信人們對你的印象有多好！」

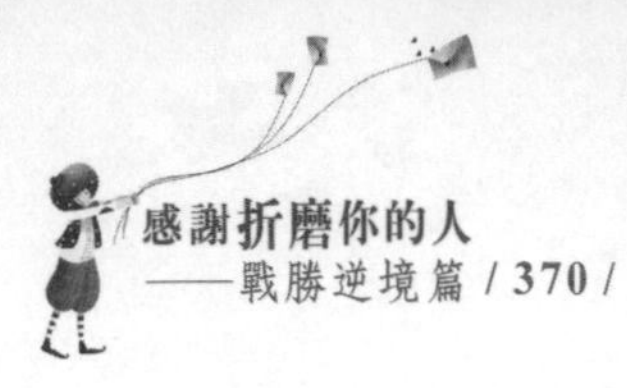

一飛到別墅裡，烏鴉連忙搶著先唱。

只見烏鴉使出平生積蓄的力氣，連聲叫：「好哇……好哇……好哇……」

這時，原本正開心地準備上樑的工匠們一聽，竟生氣地說：「眞是觸霉頭，那裡來的不吉利傢伙！」

接著，工人們連忙找來掃把等工具，朝著烏鴉的身上丟去，烏鴉一看不妙，慌忙地轉身飛走。

接著，當上樑的工作開始時，喜鵲便開始叫喊著：「拆拆拆！拆拆拆！」

大家一看見是喜鵲，臉上立即堆滿了笑容，屋主更是走了出來，連聲叫好：「好兆頭，好兆頭，看來這裡肯定是個好地方！」

聽見屋主這麼說，工匠們也附和著：「老闆，喜鵲來報喜了，肯定有財運，看來這裡是塊風水寶地呢！」

屋主一聽，連忙叫家僕準備豐盛的食糧，準備好好地款待喜鵲。烏鴉看見這一幕，沮喪地說：「眞不公平，難道人們對我的印象就這麼差嗎？我又沒有招惹過誰！」

就形象學來說，只要我們能在人們的第一印象裡留下好印記，即使偶有表現差池的時候，人們也都會給予包容與鼓勵，就像故事中的喜鵲一般。

如果在人們心中建立了極差的第一印象，就像烏鴉，無論帶來多少祝福的叫喊聲，也很難改變人們對牠的否定態度。

走錯一步人生路的人，想要重新建立起自己的形象，恐怕需要花費很長的一段時間，才能扭轉人們的觀感。

人們腦海裡既定的第一印象，讓烏鴉和喜鵲有著如此大的差別待遇，那麼準備第一次亮相的你，是否掌握到表現才能的方式和技巧了呢？

雖然，印象往往帶了點個人偏見，然而這確實是極力爭取成功機會的人不可忽略的思考角度。

無論我們怎麼否定這樣的裁判角度，那始終都掌控在別人的手中，唯一且能真正扭轉裁判筆下分數的人，則始終都是你我！

妄自菲薄就會隨波逐流

我們太習於看輕手中的擁有，太容易對尚未得到的東西充滿幻想，以致於生活經常在失去與懊悔中前進。

不要妄自菲薄，每個人都潛藏著獨特的天賦，就像金礦般埋藏在你我平淡無奇的生命裡。

我們是否能找到這座金礦，關鍵在於能否耐心挖掘，能否踏實發揮自己的長處，讓原本平淡無奇的人生，綻放光芒。

美國田納西州有位來自秘魯的移民名叫亞當，在一片約六公頃大的土地，為家人們建造了一個獨立的生活空間。

然而，不久美國卻掀起了一陣淘金熱，受不了誘惑的亞當也一窩蜂地跟進，不僅將家產變賣，更舉家遷移到陌生的西部。

來到這個荒涼的西部，亞當買了一塊約九十公頃的土地，開始進行挖採與探鑽，希望能盡快在這塊土地上找到金子或鐵礦。

然而，一年又一年地過去了，亞當的財富幾乎快花光，到了第五年，不僅連一個鐵塊都沒看見，連一粒金沙的影子都沒有見過。由於為這五年來他一直都毫無所獲，不久連身上的最後一塊錢都花光了。

這天早上，亞當看著家人滿臉的不悅，便果斷地決定：「算了，我們回田納西吧！」

於是，亞當將該處的東西全部變賣，換得了少許車資，一家人總算回到了故鄉。但是，當他們回到故鄉時，卻全被一個景象吸引且呆住了。因為，他們從前居住的地方，竟發展出一個工業區，在隆隆的機械聲中，工人們熱鬧地穿梭著。

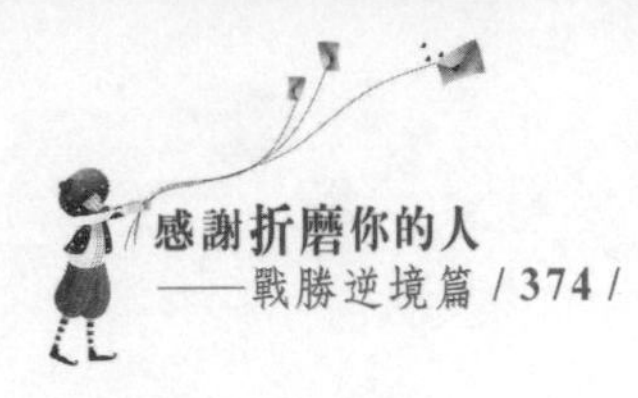

亞當好奇地向其中一位工人詢問：「這裡發生了什麼事？」

工人不敢置信地看著亞當，說道：「你不知道嗎？幾年前有個秘魯人將這塊土地賣給了現在的老闆後，不久老闆就發現，這座山林是座金山呢！現在他正在開挖金山煉金啊！」

亞當一聽，直搖頭嘆息，滿臉悵然若失。如今，這座山林仍然繼續在開採，它就是美國最著名的門羅礦山。

即使身在資訊發達的現代，仍然有許多人像亞當一樣，經常失去身上的珍寶，甚至不知道寶物就在我們的身邊。

好高騖遠的人總是禁不住誘惑，對於平淡無奇的事物總顯得意興闌珊，於是當表面炫麗誘人的事物一出現，他們的目光便會立集聚了過去，丟棄他手上看似平凡的珍寶。

這樣的情況我們一定都曾聽聞，甚至我們自己就曾經歷過，而且最後的結論

都是：「早知道就別放棄了！」然而，再多的「早知道」也於事無補；妄自菲薄，就難免隨波逐流！

因為我們太習於看輕手中的擁有，太容易對尚未得到的東西充滿幻想，以致於生活經常在失去與懊悔中前進。

天地萬物，包含我們自己，其實都深藏著無限的潛能與珍寶，那就像尚未精細琢磨的礦石，識寶的人都會知道，在平淡無華的表面，內裡正藏著我們難以估價的寶玉！

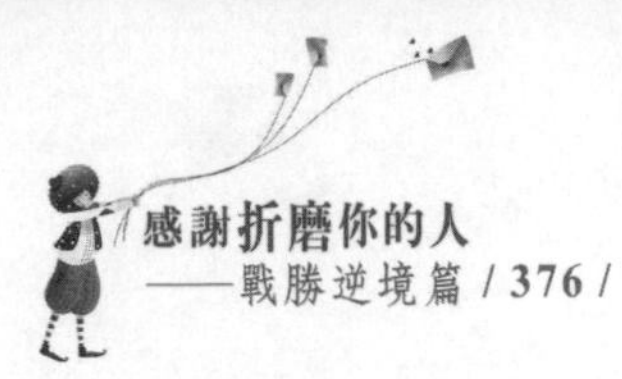

化繁為簡才能有效把握時間

我們隨時都能簡化生活的規章，及時去除不必要的繁瑣流程，才能抓住生活的重點，緊緊地掌握人生的每一分每一秒。

一天開始後，你是否有筆一成不變的生活流水帳要進行？如果漏掉了其中一個步驟，你會不會感到不安？

不要讓生活困在枯燥繁雜的流水帳中，因為過度繁瑣的生活規劃，會讓我們變得越來越害怕變動，或擔心突發狀況的發生；甚至還會讓我們的個性變得頑固、不知變通。

里查德．費曼是美國的物理學家，這天有位教師來找費曼，並邀請他到自己的學院演講，他們並表示會支付費曼五十元的演講費用。

費曼沒有多問細節，只問他：「你們學校是市立的吧！」

教師點點頭，說：「是！」

費曼一聽到是市立學校，便想起了過往的經驗，那是一個很不開心的合作經驗。因爲公家機關層層的關卡，令他花費許多時間在各種文件上簽字，一想到這裡，他也想起了某次簽寫文件高達十二次，只是爲了領取一份十塊美金的稿費。

於是，他對造訪者說：「我願意到貴校演講，不過我有一個條件，只要超過第十二次以後的文件，我便不再簽字了，其中也包括支票在內！」

教師一聽，笑著說：「十二次？放心，絕對不會發生！」

於是，合作計劃開始進行，首先，費曼必須簽名保證效忠政府，否則他就不能在市立學院演講，而且光是這份保證文件他便得簽兩份。接著，他還必須簽某

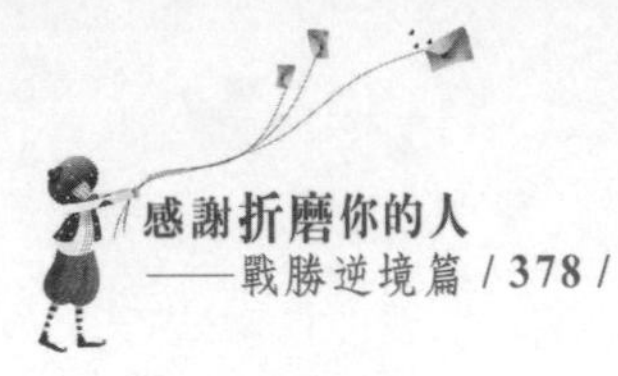

份給市政府的承諾書。總之，爲了這場演講，他必須親自簽名的名目越來越多了。

就這樣，經過這一陣忙碌之後，剛才承諾不會超過十二次的老師，開始緊張了，因爲費曼的簽名已經十二次了，最後還剩下一次簽名，那是爲了領取支票的唯一一次簽名文件，但是費曼並未簽名，仍然開心地去演說。

幾天之後，那位老師送來了支票，但卻十分難爲情，因爲，費曼必須再簽一次名，以證明他確實有出席演講。

看來，費曼的簽名要超過十二次了。但是，費曼卻對他說：「對不起，我的簽名已經達到了第十二次，如果我必須在這個表格上簽字才能取得支票，那麼簽字便要突破十二次了。」

老師問：「您堅持不簽名嗎？那便無法領取支票了耶！」

費曼回答：「我知道，其實我們也早有約定，當初我們都認爲不會超過十二次，但事實上還是超過了。而我拒絕簽下第十三次的名字，你我都已經同意了，所以我們都得遵守諾言，是吧？」

教師滿臉困擾地說：「對不起，事實上我努力過，那時我想盡辦法溝通，希

望能找出減少簽名次數的方法，但是最後還是沒找著。如果你不願意在這表格上簽字，眞的拿不到錢啊！」

費曼一派輕鬆地說：「沒關係啦！總之我只簽字十二次，況且我已經完成演講，你也不必爲難，因爲我不缺這筆錢。」

教師說：「可是……費曼先生，這樣會令人難以心安啊！」

只見費曼拍了拍老師的肩膀說：「那是我們之間的協定，別想太多。」

過了幾天，那位教師又打電話來說：「他們已經把錢寄出。」

費曼說：「喔！如果他們非要把錢給我的話，那就給我吧！」

沒想到教師卻說：「雖然已經寄出，但您還是得在那張表格上簽字。」

費曼有些不悅，以不耐煩的口氣說道：「對不起，我說過絕對不會在那張表格上簽字！」

只見雙方各有堅持的情況下，最後事情便僵在原地，再也沒有人理會了。

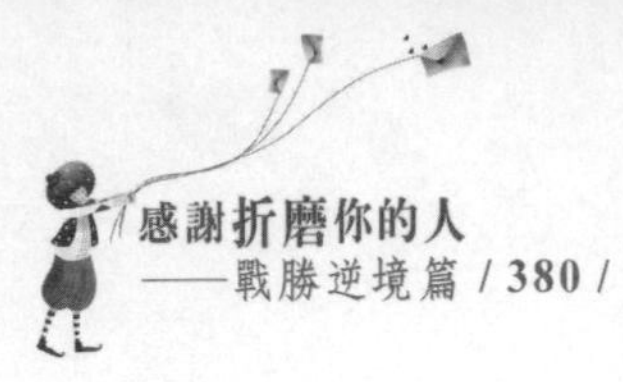

層層的手續或規章，經常造成生活的不便與時間的浪費。所以，無論是故事中所表現的情況，還是現實生活的情況，我們都有一個共同的經驗，當我們在協商合作時，如果遇見了堅持繁雜的作業流程時，很多時候不僅無法建立彼此合作的信心，反而更容易造成不必要的溝通瓶頸。

因爲長期生活在手續繁雜的工作流程中，人們不免培養出一些特性，像是工作渙散的態度，或不知變通的性格。

然而，在我們的生活之中，不也經常在類似的繁瑣過程中浪費許多時間？

其實，生活是活的，我們隨時都能簡化生活的規章。及時去除不必要的繁瑣流程，才能抓住生活的重點，緊緊地掌握人生的每一分每一秒。

因爲除去了不必要的瑣事干擾，我們就能過靈活的生活，很快地，便能重現活力，讓每件事都更顯效率。

掙脫心理枷鎖才能擺脫生活禁錮

如果心中的枷鎖無法打開，無論外面的氣氛多麼歡樂，也很難讓受困者的臉龐展露笑容。

誠實地面對我們目前擁有的一切，無論是工作還是日常生活上的事，不管我們目前選擇的生活如何，都要有這麼一個態度：「無論如何，眼前的一切都是我們自己決定的！」

這天，上帝對一隻被關在鳥籠裡的畫眉鳥說：「你想到天堂嗎？」

畫眉鳥不解地問：「爲什麼要到天堂？」

上帝仰望著天說：「天堂啊，那裡寬敞明亮，而且不愁吃喝。」

畫眉鳥想了想，便說：「不過，我覺得現在的日子也不錯啊！像我的吃喝拉撒全由主人包辦，住在這個鳥籠裡我一點也不必擔心颳風下雨，而且，我的主人天天都會和我聊天、聽我歌唱，日子過得很愜意啊！」

上帝明白地點了點頭，接著卻問：「但是，你自由嗎？」

「自由？」畫眉鳥重複了這個字，接著便沉默了。

於是，上帝以勝利者的姿態帶著畫眉鳥前往天堂，將牠安置妥當後，便繼續趕往祂的下一個任務。

一年後，上帝突然想起了畫眉鳥，便來到畫眉鳥居住的地方探視牠。「啊，我的孩子，你現過得還好嗎？」上帝親切地向畫眉鳥問候。

畫眉鳥回答：「感謝上帝，我還活得很好。」

只見上帝滿意地點了點頭，接著又問：「那麼，你來談談這一年來，居在天堂裡的生活感受，好嗎？」

聽到這個問話，畫眉鳥竟長嘆了一聲：「唉，這裡什麼都好，唯獨這個籠子實在太大了，不管我飛到哪裡或飛得多遠，始終都找不到邊啊！」

當畫眉鳥最後埋怨「找不到邊」時，似乎也點出了現代人經常犯的錯誤——「自我囿限」。怎麼樣才算是自由快樂的天堂？其實，只要問一問自己：「你究竟想要什麼樣的生活？」然後就能找到夢想的天堂。

心無法打開，也不願擺脫囚困的生活情緒，就像畫眉鳥來到自由天堂，卻無法適應自由空間的情況一樣。從中我們也明白了一件事，當心中的枷鎖無法打開，無論外在的環境給予我們多少幫忙，始終都是白忙一場。

解鈴還須繫鈴人，當問題糾結在我們心中，真正能開解的人始終是我們自己，如果心中的枷鎖無法打開，無論外面的氣氛多麼歡樂，也很難讓受困者的臉龐展露笑容。所以，到底是居住在鳥籠裡快樂，還是能在天堂自由飛翔快樂，最終還是要問一問自己：「此刻，在我心中是不是真的快樂？」

感謝折磨你的人：戰勝逆境篇

作　　者　凌　越
社　　長　陳維都
藝術總監　黃聖文
編輯總監　王　凌
出 版 者　普天出版家族有限公司
新北市汐止區忠二街 6 巷 15 號
TEL / (02) 26435033 (代表號)
FAX / (02) 26486465
E-mail：asia.books@msa.hinet.net
http://www.popu.com.tw/
郵政劃撥 19091443 陳維都帳戶
總 經 銷　旭昇圖書有限公司
新北市中和區中山路二段 352 號 2F
TEL / (02) 22451480 (代表號)
FAX / (02) 22451479
E-mail：s1686688@ms31.hinet.net
法律顧問　西華律師事務所・黃憲男律師
電腦排版　巨新電腦排版有限公司
印製裝訂　久裕印刷事業有限公司
出 版 日　2021 (民 110) 年 2 月第 1 版
I S B N◉978-986-389-762-0　　條碼 9789863897620

生活良品

25

國家圖書館出版品預行編目資料

感謝折磨你的人：戰勝逆境篇／
凌越著.—第 1 版.—：新北市,普天出版
民 110.2 面； 公分. - (生活良品；25)
I S B N◉978-986-389-762-0 (平裝)

普 天 之 下 · 盡 是 好 書

普天出版家族
Popular Press Family

凌雲 文創
A-Plus Creative Company